AF500137

LE BEAU, L'ART ET LA PENSÉE

LETTRES ET JOURNAL DE LA MONTAGNE

PAR

CLAUDE-CHARLES CHARAUX
Professeur honoraire de Philosophie à l'Université de Grenoble.

PARIS
A. PEDONE, ÉDITEUR
13, rue Soufflot, 13

1899

Tous droits réservés.

LE BEAU, L'ART ET LA PENSÉE

LETTRES ET JOURNAL

DE LA MONTAGNE

8°R
16142

Grenoble, imprimerie Allier frères,
26, cours Saint-André, 26.

LE BEAU, L'ART ET LA PENSÉE

LETTRES ET JOURNAL DE LA MONTAGNE

R.F.

PAR

CLAUDE-CHARLES CHARAUX
Professeur honoraire de Philosophie à l'Université de Grenoble.

PARIS
A. PEDONE-LAURIEL, ÉDITEUR
13, rue Soufflot, 13

1899

Tous droits réservés.

TABLE DES MATIÈRES

Le second et le troisième de ces Récits appartiennent présentement au deuxième volume de *La Cité chrétienne*. Ils y seront remplacés, ἄν Θεὸς ἐθέλῃ, par *Philosophes* et *Philosophie*.

Le présent ouvrage, en même temps qu'il s'ajoute aux deux premiers volumes de *La Cité chrétienne,* complète par quelques-uns de ses Récits nos précédentes *Études sur la Pensée.* Il est le lien entre ces deux séries auxquelles le livre *De l'Esprit* sert de commune Introduction.

Ce livre peut, à la rigueur, se passer d'Introduction. Les lecteurs y retrouveront, ou ils y découvriront sans peine la tendance constante à unir ce qu'ailleurs on s'efforce, mais en vain, d'opposer, le beau et le bien, l'art et la nature, la pensée et le sentiment, le cœur et la raison, la loi et la liberté, le monde sensible et le monde moral, la nature et la grâce, la science ou plutôt le savoir et la foi, la philosophie et la religion. Par le seul énoncé de son titre[1], notre premier Essai protestait déjà contre l'esprit de séparation et d'exclusion si contraire à l'esprit philosophique, si funeste à la recherche[2] de la vérité. Cette protestation

[1] *La Méthode morale,* ou de l'Amour et de la Vertu comme éléments nécessaires de toute vraie philosophie, 1866.

[2] De l'*Esprit* et de l'esprit philosophique, 1892.

nous l'avons renouvelée à plusieurs reprises, à propos des questions les plus importantes, sous des formes très diverses, Leçons, Traités, Lettres, Pensées, Dialogues, Récits, en appelant l'imagination, qu'on a surnommée *la folle du logis*, mais qui en est aussi parfois la joie et l'ornement, au secours de l'observation et de la raison.

Nous n'avons pas non plus séparé de la langue commune celle de la philosophie, ni créé, pour exposer des faits que toute âme humaine porte en soi, ou des vérités qui ne sont pas le bien de quelques privilégiés, des mots nouveaux qu'un petit nombre d'initiés seuls peuvent comprendre, quand ils les comprennent. A-t-on jamais vu sortir de l'analyse exclusive des opérations des sens et de leurs organes, même avec le secours d'un vocabulaire spécial, autre chose que l'effacement ou la suppression de l'esprit, de l'analyse exclusive des concepts de la raison autre chose que l'amoindrissement ou la négation du monde extérieur, des stériles efforts de la pensée pure s'isolant du monde extérieur, et s'acharnant sur elle-même pour faire sortir de ses sombres profondeurs le dernier mot de l'univers, autre chose que d'*imposants fantômes et de creuses abstractions*[1].

C'est à ce même principe d'union et d'harmonie que nous avons confié la direction de notre pensée dans ces Essais sur le Beau et les Arts, non par esprit de système, mais parce que les choses sont ainsi et que les faits se présentent à nos regards, de quelque côté qu'ils se dirigent, ordonnés les uns par rapport aux autres et élevés, dans une sorte de hiérarchie, les uns au-dessus des autres. La préoccupation exclusive hier du *progrès,* aujourd'hui de la *transformation* ou de l'*évolution*, fait qu'on oublie trop à l'heure présente l'*ordre des degrés,* l'*ordre hiérarchique* où se découvrent pourtant aux esprits attentifs, dans le monde physique et dans le monde moral, à plus forte raison dans celui de la foi, tant d'harmonies relevées par tant de grandeur et de beauté. C'est cet ordre, que

[1] Victor Cousin, à propos de Hégel.

pour notre part, et sans négliger ou sacrifier les autres, nous aimons à contempler, parce que c'est celui où notre âme, en s'élevant de tous les points du monde créé jusqu'au Créateur, recueille plus de lumière et de paix.

Les lecteurs seront peut-être surpris de ne point trouver dans ce livre, où tant de questions sur le beau et les arts sont au moins effleurées, un seul mot du pouvoir singulier que posséderaient les œuvres belles de façonner, pour le plus grand avantage de la cité et de la société, les âmes encore tendres des enfants et des adolescents. Ce pouvoir serait même si grand qu'après la faillite définitive bien et dûment constatée de la philosophie et de la religion, l'art serait en passe de devenir la seule école capable de former des hommes et des citoyens.

Cette question est, à notre avis, une de celles qu'il est inutile de poser, parce que le bon sens et l'expérience de la vie y donnent une réponse décisive et immédiate. Si toutefois ces deux autorités ne semblaient pas suffisantes à quelques esprits plus exigeants, pour condamner l'extraordinaire prétention de subordonner le bien au beau, ou même de le supprimer, la distinction des trois degrés du beau, le *pur sensible*, l'*expression*, l'*idéal*, telle qu'ils la trouveront plusieurs fois dans ce livre[1], pourra leur fournir les éléments d'une démonstration telle qu'ils la réclament. Ils tomberont, en effet, d'accord avec nous que le *pur sensible* est loin d'être toujours, dans les œuvres de l'art, le pur moral ; que dans l'ordre des formes, des couleurs et des sons, beaucoup de choses peuvent plaire à l'âme, et, à tort ou à raison, lui sembler belles, qui ne la purifient point et ne l'élèvent guère, quand elles n'ont pas pour principal effet de l'abaisser et de la corrompre. Il en est de même pour l'*expression* qui peut être celle des pensées et des sentiments les plus nobles, les plus généreux, les plus capables de nous porter au bien, ou trop souvent, de nos jours

[1] En y ajoutant les cinquante ou soixante pages du chapitre intitulé : *Le Beau dans les Arts*, dans le livre *Pensées et Portraits*.

surtout, celle des passions dont la séduisante peinture insinue dans l'âme un poison mortel, ou dont la violence les abuse par un faux air de force et de grandeur. C'est par l'idéal, et l'idéal seul, que l'art serait sûrement moral ; mais en vérité, sont-ils bien nombreux ceux qui réussissent à le découvrir sous les voiles qui le dérobent aux regards du vulgaire ? N'est-elle pas bien fugitive l'impression qu'il produit, l'action qu'il exerce, je ne dis pas seulement sur le commun des hommes et sur les enfants, mais sur les artistes eux-mêmes qui vivant avec lui, comme on le suppose généralement, et comme la plupart d'entre eux l'affirment et s'en flattent, dans un commerce intime, devraient être, à son école et à son imitation, les meilleurs et les plus vertueux des hommes après les Saints. Si on l'a pu dire de Fra Angelico et jusqu'à nos jours de quelques artistes chrétiens, qui oserait, sans provoquer le rire ou le sourire, l'affirmer pour tous les autres !

Combien de questions encore se poseront, à la suite de celle-là, aux lecteurs de ce livre, questions dont il ne renferme pas la solution, alors même qu'il les aurait indirectement provoquées ! Une des plus sérieuses c'est celle du mal qui, peu content de la trop grande place qu'il occupe dans la vie ordinaire des hommes et dans l'histoire, s'en est fait une de choix dans les œuvres de l'art où il s'efforce de pénétrer jusqu'au sein même du beau, de le souiller par d'impurs mélanges, de le défigurer, surtout dans le roman et même dans la poésie, par les trompeuses images d'une force, d'une grandeur, d'une profondeur, qui ne sont, en réalité, que la grandeur du vice et la profondeur de l'hypocrisie ! Je ne puis que les renvoyer, dans cette question du mal si vaste, si difficile, à la philosophie d'abord, puis à la religion chrétienne qui, sans en faire évanouir tout le mystère, en résout mieux du moins les douloureux problèmes, et fait accepter avec plus de résignation les tristes suites du mal, le péché, la souffrance, la mort !

Le mystère, — qu'il faut bien distinguer de l'inconnu tôt ou tard accessible à nos moyens actuels de connaître, — le mystère ! mais il est partout ici-bas, et l'idéal dont on peut dire qu'il est l'âme et la vie de l'art, n'a t-il pas, lui aussi, ses insondables mystères ! De lui, comme de Dieu dont il n'est, après tout, qu'un nom sur nos lèvres, un rayon dans les plus beaux génies et les plus belles âmes, un reflet dans la nature et les chefs-d'œuvre de l'art, nous nous bornerons à répéter ce que nous avons dit ailleurs[1] du suprême Auteur de tout ce qui est :

« Assez d'idées claires dans ce mot Dieu, pour que tout esprit qui se possède les perçoive ; assez de mystère pour que l'Infini s'y reflète. Si la clarté manquait, le mot Dieu ne serait qu'un mot ; si le mystère n'y était pas, ce ne serait pas le nom de l'Infini. Il y faut de l'un et de l'autre, pour que l'esprit consente et pour qu'il adore. »

1er Mai 1899.

[1] *Pensées et Portraits*, c. x, page 462.

I

DEVANT LE PALAIS DE L'INSTITUT

Documents manquants (pages, cahiers...)

NF Z 43-120-13

comme de lui-même à l'unité vraie, à la grandeur vraie, qu'elle soit des esprits ou des choses, à la liberté vraie, c'est-à-dire fidèle à la raison, il se refuse obstinément à suivre et à orner l'unité fausse, mensongère, la grandeur apparente et non réelle, la liberté enfin, quand elle agit contrairement à la vérité et à la raison.

Me voilà, grâce à vous, affermi dans cette double conviction, que le beau existe en soi, indépendamment des êtres ou des choses auxquels il communique un peu de sa splendeur, et que de plus son union avec la vérité est indissoluble. N'est-ce pas Boileau qui a dit :

> Rien n'est beau que le vrai, le vrai seul est aimable.

— Très bien, mon cher ami, très bien, et toutefois peut-être me faites-vous dire un peu plus que je ne pensais. Mais à cela près d'une légère inexactitude : ne soyons pas si pointilleux, et prenons les questions par ce qu'elles ont de plus large, de plus élevé, non par les petits côtés et les menus détails, matière inépuisable de discussions stériles et sans fin. Avec vous donc j'admets que le beau a sa place légitime, nécessaire, dans tout Système philosophique, puisqu'il l'a dans tout ce qui existe, esprit et matière. Il se distingue nettement des autres éléments de la pensée.

ordre, unité, grandeur, liberté, même de la *vérité,* bien que son union avec celle-ci soit des plus étroites. La raison en est que si le beau est toujours vrai, le vrai, dût Boileau, ce qui m'étonnerait, n'en pas tomber d'accord, n'est pas toujours et nécessairement beau de la beauté qu'on pourrait nommer beauté sensible, beauté d'éclat.

Je vous accorde tout cela, mais je veux, comme vous l'avez fait vous-même à l'égard de ma pensée, aller au delà de la vôtre, la dépasser. A mon avis donc cette beauté qu'il nous arrive souvent de découvrir dans le Système philosophique considéré en lui-même, dans son unité, dans sa grandeur, dans l'ordre et l'harmonie de ses parties, il faudrait, pour bien faire, qu'elle se fît voir encore dans son exposition par la parole humaine, que de l'esprit du philosophe elle passât dans son langage. Or, vous en conviendrez avec moi, le style n'est pas toujours, dans ce poème épique de la philosophie, à la hauteur de la pensée. S'il possède parfois cette beauté d'ordre inférieur qui s'attache d'elle-même à l'ordre et à l'unité, si la grandeur de la conception lui communique, malgré les obscurités et les défaillances de l'expression, un peu de sa grandeur, la beauté vraie la beauté qui charme et resplendit, la beauté dont le mystère et la poésie correspondraient si heureusement au mystère et à la poésie de la nature et du monde divin, lui manque le plus souvent. Il n'y a guère, dans l'histoire de la pensée, qu'un Platon ; et Malebranche qui pouvait le suivre de près, sinon l'égaler, ne l'a point voulu, bien que son génie ait été parfois plus fort que sa volonté.

Pour moi, mon cher ami, je n'aspire pas, vous vous en doutez bien, à marcher sur leurs traces, à les suivre même de fort loin. Ce que Dieu n'a pas mis en nous, aucun effort, aucun travail, aucune méthode ne sauraient nous le donner. Je m'estimerai fort heureux si je puis atteindre à ce pâle reflet de la beauté qui vient de la netteté de la pensée, de la propriété de l'expression, de la clarté de l'exposition....

— Et aussi, m'empressai-je d'ajouter, de la vigueur de l'esprit, de la sincérité des convictions, de la chaleur de l'âme, toutes qualités qui permettent de s'élever de plusieurs degrés dans l'ordre du beau, bien au-dessus de ces philosophes dont le style aride, obscur, abstrait, compromet la vérité et diminue la grandeur des choses qu'ils prétendent nous révéler.

Les Essais déjà publiés de M. Magy me permettaient de lui adresser d'avance cet éloge bien sincère, mais je n'aurais pu, sans l'offenser lui-même tout le premier, l'égaler aux penseurs et aux écrivains illustres dont s'honore la philosophie. La politesse ne doit jamais, et encore moins entre philosophes, aller jusqu'au mensonge qui ressemblerait trop, dans certains cas, à une ironie mal déguisée.

Ces entretiens, pourtant fort décousus et pleins d'abandon, m'avaient appris beaucoup de choses que ni M. Jules Simon, ni M. Magy n'avaient eu le dessein de m'enseigner. Rien de moins didactique, rien de moins doctoral que leur langage : l'ordre de ce simple résumé, si imparfait qu'il soit, dépasse de beaucoup celui de notre familière conversation. Avait-elle épuisé la vaste question qu'elle éclairait çà et là de quelques traits de lumière, la question des éléments premiers de tout Système philosophique : il ne semblait pas au premier abord. Car, enfin, si M. Magy, dans la dernière partie de son exposition, avait nommé la force des forces de son vrai nom, Dieu ; s'il en avait fait le premier moteur de l'univers, il restait qu'il reconnût en Lui l'exemplaire éternel, éternellement vivant, éternellement agissant, de l'ordre, de l'unité, de la grandeur, la liberté même, la beauté même, qu'il unît étroitement en Lui, sans les confondre, ces sublimes attributs de sa tout aimable et adorable Nature.

Sur ce point encore, le plus important de tous, il me donna pleine satisfaction, en déclarant sans détour, ni réticence, que ce couronnement nécessaire de son œuvre il ne manquerait pas de le lui donner, que ses conclusions dernières seraient à l'opposé de celles des panthéistes, et conformes, dans l'ensemble, à celles des grands philosophes spiritualistes et chrétiens. Il inclinait toutefois, mais sans que cette résolution fût définitive, à nommer Dieu du nom que Platon aime à lui donner, *le Bien*, cet attribut résumant, à son avis, tous ceux qu'on découvre en Lui, quand on s'efforce de pénétrer par la double voie de l'analyse des idées absolues et de l'observation de l'âme humaine, dans les profondeurs mystérieuses de l'Infini. S'il ne s'agissait plus que d'un mot, comme la chose semblait probable, le désaccord entre nous ne pouvait être sérieux, et le Bien qui, dans la langue des philosophes et celle des chrétiens, a un sens si riche, si magnifique, avait quelques droits à compléter et à clore notre liste des éléments nécessaires de tout Système philosophique, de toute Synthèse de l'univers.

Tandis que nous errions dans la grande Galerie et dans les salles voisines, tour à tour philosophant à demi voix, admirant en silence, échangeant nos impressions et nos pensées, le temps s'écoulait et la séance de l'Académie devait approcher de sa fin. M. Magy qui désirait s'entretenir avec un de ses plus dévoués protecteurs me quitta pour se porter à sa rencontre. Resté seul je me rapprochai peu à peu, non sans faire çà et là quelques courtes stations devant des toiles préférées, du Salon d'Apollon que j'ai toujours aimé pour lui-même, pour les portraits et les souvenirs précieux qu'il renferme, et aussi, faut-il le dire, pour la vue dont on y jouit. Les nuages avaient disparu jusqu'au dernier, et, dans un ciel parfaitement pur, le soleil couchant illuminait de ses vives clartés, on pourrait dire, sans hyperbole et fausse rhétorique, embrasait de ses derniers feux les deux rives de la Seine, fleuve, quais, maisons, monuments, le Pont-Neuf avec sa statue et ses souvenirs, et, aux extrémités de l'horizon, la Sainte-Chapelle et sa grâce sans pareille, Notre-Dame et sa majesté.

Ce n'est pas la première fois que j'admirais ce spectacle dont la beauté, pour n'être point celle de la mer, ou des montagnes, ou d'une riante nature, n'en a pas moins ses attraits à lui et dispose l'âme à concevoir de hautes pensées. Celle qui me vint d'abord à l'esprit, — n'avait-elle pas son origine dans la conversation qui précède, — se rapportait à la grandeur de cette capitale de la France, à la nature des éléments qui l'ont, à travers les siècles et des crises sans nombre, lentement, laborieusement fondée, qui, de nos jours, la maintiennent, et, dans l'avenir, on doit l'espérer, ne manqueront pas de l'accroître. Ces lycées, ces collèges, ces académies, ces écoles qui peuplent la rive gauche de la Seine, la Sorbonne avec sa vieille gloire, le Palais Mazarin où se réunissent les représentants du savoir, de l'art, de l'éloquence, de la poésie, pour tout dire des Lettres françaises, n'est-ce point l'effort généreux, persévérant de tout un peuple pour conquérir et répandre la vérité, sans laquelle il n'y a pas de grandeur réelle et durable ! Le beau..., mais il est partout, comme nous en étions tout à l'heure tombés d'accord, dans ces palais magnifiques, Louvre, Tuileries, dans ces églises, véritables Musées, dont chacune a son style et ses attraits particuliers, plus près de moi dans ces tableaux et ces statues où l'art français tient glorieusement sa place à côté des chefs-d'œuvre de l'art étranger. Et tout cela est né, s'est développé, grandit tous les jours sous l'impulsion de cette puissance intérieure dont on a fait tour à tour un néant ou un Dieu, mais qui s'affirme et ne cessera de s'affirmer par ses œuvres, telle qu'elle est, avec ses grandeurs et ses défaillances, la liberté. Elle tend, l'histoire de cette ville, celle de la France en témoignent, de toute la force qui est en elle, par un invincible attrait, à l'unité et à la grandeur. Mais au-dessus de l'unité et de la grandeur il y a le Bien qui les renferme en soi, comme il renferme la prudence, la justice, le courage, la tempérance, toutes les qualités, toutes les vertus qui font les sociétés fortes et florissantes.

Cette Cité l'a compris de bonne heure, elle le comprend encore. Si elle a parfois délaissé, et même passagèrement fermé le sanctuaire vénéré que les plus illustres de ses chefs et de ses rois ont élevé au Bien suprême, au Dieu tout-puissant et tout bon, au Christ rédempteur, elle s'empresse bientôt de le rouvrir. Aux grands jours des joies ou des malheurs publics, des fêtes nationales, c'est encore à Notre-Dame que les foules, précédées ou non de leurs magistrats, vont implorer le Dieu du pardon ou rendre grâces au Dieu des armées. Un instinct profond, indestructible, n'a cessé de les avertir que là, dans l'idée de Dieu, et non pas ailleurs, est le fondement de l'ordre, le centre de l'unité, le couronnement de la grandeur et de la beauté, le dernier mot de la vérité, la source et la règle de la liberté. Cette vaste cathédrale, ces deux tours qui bornent pour moi l'horizon sont, au centre et au cœur de Paris, comme le témoignage d'une foi inébranlable à la puissance de la Vérité, comme le symbole de la primauté du Bien sur les autres attributs de la divinité.

N'occupe-t-il pas le même rang dans notre raison? N'est-il pas le premier des éléments de la pensée, le premier des éléments de l'histoire? Celle-ci, et qui sait, les Arts, les Lettres à leur tour, éloquence, poésie, n'auraient-elles pas leur source principale et inépuisable dans ces mêmes éléments que nous venons de découvrir à l'origine de tous les Systèmes philosophiques[1]? C'est dans la voie ouverte par une si heureuse rencontre que je vais, à l'avenir, diriger mes observations et mes pensées.

[1] Voir au livre: *L'Histoire et la Pensée*, l'*Introduction* et le chapitre: *Les éléments de la pensée et les éléments de l'histoire.* Voir aussi au livre: *Pensées et Portraits*, le chapitre II, *L'histoire de la pensée*, et le chapitre VII, *Le Beau et les arts*, passim.

II

LE BEAU ET L'AME HUMAINE

II

LE BEAU ET L'AME HUMAINE

Je ne réponds pas que le récit de mon ancien camarade de collège, rêveur ou méditatif, — je ne sais, — ami de la philosophie plutôt que philosophe, soit, de tout point, avec une exactitude parfaite, celui qu'on va lire : en tout cas, il n'en diffère pas essentiellement. Le voici, tels que mes souvenirs un peu vagues sur quelques points de détail m'ont permis de le reproduire.

« Il ne faut point, croyez-moi, s'engager sans avoir mûrement réfléchi aux suites probables de son engagement. Les philosophes, selon toute apparence, ont les premiers énoncé cette maxime qu'ils ne sont pas les derniers à oublier. J'avais promis, assez à la légère, à un de mes nombreux cousins, membre actif d'une académie de province, de lui communiquer quelques idées, peut-être même de lui fournir un point de départ commode, si jamais il se décidait à traiter la question du Beau, question toujours ancienne et toujours nouvelle, où tout a été dit et où tout reste à dire. Il va de soi que depuis longtemps je ne songeais plus à ma promesse, quand une lettre vint me la rappeler en termes courtois mais pressants. J'étais invité à m'acquitter sans délai : on avait recueilli de nombreux matériaux, on avait remué beaucoup d'idées, mais le fil conducteur s'était rompu plus d'une fois déjà et, en particulier, le point de départ, ce point de départ que je m'étais fait fort de montrer, semblait introuvable : prières instantes de l'indiquer au plus tôt.

Je m'interrogeai, mais, ô déception ! j'ignorais absolument ce que je croyais si bien savoir : rien n'égalait le décousu de mes idées et leur réelle indigence. N'ayant point pour lors l'esprit disposé aux recherches personnelles, aux profondes méditations, je me bornai à faire appel à mes souvenirs : je me plongeai dans mes vieux auteurs, je lus et relus les textes les plus célèbres, de Platon à Victor Cousin, de saint Augustin au Père André.

Je ne négligeai point mes contemporains, écrivains de talent qui ont su fondre habilement, dans cette question du Beau, avec leurs propres pensées les pensées de leurs prédécesseurs : rien n'y fit, ma peine fut en pure perte. Les idées ne se présentaient pas sous le jour que j'aurais voulu, mais surtout l'idée-mère, la pensée maîtresse se dérobait à mes plus vifs désirs, à mes actives recherches. Épuisé par ce travail ingrat, la tête pleine moins d'idées que de mots et de textes sans suite, ne pouvant plus ni penser ni écrire, je pris brusquement mon parti de me rendre à la campagne chez un de mes amis, et de jeter çà et là, sur une route de onze kilomètres, les souvenirs confus qui m'obsédaient. Ma pensée pourrait de la sorte reconquérir, en s'allégeant des idées d'autrui, un peu d'aisance et de spontanéité : c'était ma dernière espérance.

Elle fut déçue, et bien que le ciel se fût mis d'accord avec mon projet, bien que le mois de mai à son déclin m'eût favorisé d'une journée de choix, calme et souriante, l'agitation de mon cerveau, au lieu d'être ralentie par ces douces impressions, continua à se donner libre carrière dans le même cercle d'idées, de textes, de souvenirs, sans la moindre trace d'invention. Pour surcroît d'infortune, personne à la maison : mon ami, sa femme et sa fille avaient pris la clef des champs (rien ne leur était plus facile) aussitôt après déjeuner ; on ne les attendait pas avant une heure ou une heure et demie : c'est la réponse que me donna la fidèle domestique. Livré à moi-même, je visitai successivement le jardin, le verger, le vignoble qui se déploie sur toute l'étendue de la colline au pied de laquelle la maison est bâtie. Je m'avançai jusqu'à mi-côte pour jouir, dans un petit pavillon ouvert à tous les vents, de la vue la plus belle, la plus imposante que l'œil de l'homme puisse contempler : ceux qui la connaissent ne me reprocheront pas l'apparente exagération de mon langage.

En face de moi, dans toute sa longueur, de Grenoble à Montmélian, la fertile et riche vallée du Grésivaudan ; à gauche le massif de la Chartreuse dont l'ensemble est parfait d'unité, mais dont les sommets affectant les formes les plus diverses et les plus bizarres sont séparés les uns des autres par des gorges sauvages ou de riantes vallées. A droite depuis le Mont-Blanc jusqu'au confluent de la Romanche et du Drac, les cimes déchiquetées, dentelées, tourmentées, parfois majestueuses des Alpes dauphinoises, le Belledonne avec ses glaciers, le Taillefer semblable à un gigantesque rempart. Plus près, toujours à ma droite, mais appartenant à une autre chaîne, se dressaient, dominant tous les sommets inférieurs, deux montagnes semblables à deux immenses pyramides, et dans l'intervalle qui me séparait d'elles s'étendait une plaine fertile couverte de vignes, de mûriers, de châteaux, de hameaux, de demeures isolées : la nature la plus riche, la verdure la plus fraîche au pied des rochers les plus sauvages.

Je ne dirai point que l'état de mon esprit m'empêcha d'admirer un si beau spectacle : du moins n'eut-il pas ce jour-là le pouvoir de m'absorber sans réserve. De la vigne je redescendis au verger, et du verger à une longue allée d'arbres, mûriers et pommiers, parallèles à la route qui reliant Claix à Varces borde la propriété dans toute sa largeur. Il y a quelques années seulement, quand la culture des vers à soie valait encore la peine qu'on s'y livrât, ces mûriers dépouillés aussitôt de leurs feuilles naissantes n'auraient donné aucun ombrage : il en était autrement en l'an de grâce 1880, aux derniers jours du mois de mai. Je m'assis à terre, le dos appuyé au tronc du plus précoce, du mieux feuillé de ces arbres aujourd'hui à peu près inutiles, et dont un grand nombre ont déjà disparu. Au bout de quelques instants, la chaleur et la fatigue agissant de concert, je commençai à m'assoupir : je dormais déjà qu'un reste de conscience s'obstinait encore à vouloir me faire penser et songer.

D'abord tous les personnages avec lesquels j'avais lié de nouveau commerce, les philosophes que j'avais lus, relus, étudiés depuis plusieurs jours, se montrèrent à moi, mais dans une grande confusion, et sans qu'il me fût possible, malgré tous mes efforts, de les distinguer et de les entendre. Tous à la fois voulaient me renseigner de la meilleure grâce du monde, répondre à mes questions, m'expliquer le sens de leurs écrits. La confusion allait croissant dans leurs personnes et dans leurs discours, quand, à la fin, deux d'entre eux se détachèrent de la foule, et leurs traits peu à peu se dessinèrent assez bien, pour qu'il me fût possible de reconnaître Victor Cousin tel que je l'avais vu et entendu, il y a bien des années déjà et, en face de lui, le Père André[1], aimable vieillard à l'œil vif, à l'expression fine et non sans malice.

La conversation s'engagea entre eux, à peu près comme il suit :

[1] Le Père André a écrit pour l'Académie de Caen, dont il était membre, huit discours sur le Beau (1741). M. Cousin en publia, juste cent ans plus tard, une édition nouvelle, précédée d'une étude sur l'auteur et ses œuvres où l'on pourrait relever bien des erreurs. Le Père André professa, durant plus d'un demi-siècle, la philosophie ou les mathématiques dans les collèges de la Compagnie. Il mourut en 1764, à l'âge de quatre-vingt-neuf ans.

— Que je suis heureux, mon Père, de vous rencontrer.

— Ma joie n'est pas moins grande, et pourtant j'ai un reproche à vous faire.

— Lequel, je vous prie ?

— Vous avez failli me brouiller avec quelques-uns de mes meilleurs amis, et pourtant vous n'ignoriez pas que si j'avais été grand partisan de Malebranche à mes débuts.....

— Sans doute, sans doute; mais que voulez-vous ! Les circonstances, la difficulté des temps, les besoins de la cause.... On dit et on écrit souvent bien des choses là-haut.....

— Je m'en doutais un peu.

— J'aurais bien certaines critiques à vous adresser, mon Père, sur le partage que vous avez fait de l'empire du beau en trois grandes souverainetés : beau essentiel, beau naturel, beau arbitraire. Le premier point surtout.....

— Prête, j'en conviens, à quelques critiques.

— Mais en revanche, que de finesse dans vos observations, quelle clarté dans vos divisions peut-être un peu trop nombreuses, quelle délicatesse dans votre manière de penser et d'écrire ! J'ai beaucoup goûté ce que vous dites de la lumière et du son, de leur nature et de leurs rapports. Oui, mon Père, tout est harmonie, tout est unité dans l'immense domaine du beau : personne avant vous ne l'avait fait si bien voir. Toutefois vous avez été trop bref, permettez-moi de m'en plaindre, sur la part que prend notre âme à la formation et à la manifestation de ces grandes idées. Non, jamais nous n'aurions découvert, dans le monde des choses, tant d'unité, tant d'harmonie, si elle ne nous en avait suggéré la première idée et donné le parfait modèle.

— Permettez-moi, illustre maître, de vous faire le même reproche tempéré par les mêmes éloges. La finesse de vos observations, le charme de votre style ne m'ont pas empêché de trouver un peu vague le terme par lequel vous définissez la beauté. A moins toutefois que vous n'ayez oublié, comme il m'est arrivé pour l'unité et l'harmonie, de dire que l'*Expression* c'est l'âme manifestant, par des signes visibles, tout ce qu'elle renferme en elle de qualités invisibles, d'attributs, de perfections, pour tout dire, de beauté. Mais vos lecteurs comme les miens sont trop intelligents pour s'y méprendre, et nous n'avions, ni vous ni moi, à leur expliquer en termes précis, avec une insistance fâcheuse, que l'unité, l'harmonie, l'expression, tout cela au fond, c'est l'âme, toujours l'âme devenue en quelque sorte visible et sensible, communiquant aux choses ce qui appartient en propre à l'esprit, et les revêtant de ses propres qualités.

Puis les deux interlocuteurs s'engagèrent dans une discussion à laquelle j'entendis, je dois vous l'avouer, peu de chose, et qui me parut fort obscure. Ils admettaient d'un commun accord, je crus du moins le comprendre, que le son et la lumière se propagent par des ondulations dont le rythme variable entre pour beaucoup dans la variété des couleurs et des tons. A cette harmonie venue du dehors, pour qu'elle fût parfaite, l'âme ajoutait sa propre harmonie. Ils différaient toutefois sur plusieurs points de détail et se reprochaient l'un à l'autre, d'ailleurs en termes polis et mesurés, de faire trop larges la part de l'hypothèse et celle de l'abstraction. Je partageais de plus en plus cette manière de voir et me bornais, de guerre lasse, à saisir au passage quelques idées moins obscures parmi une foule d'idées confuses, quand tout à coup Victor Cousin élevant la voix :

— Mais pour votre grand Lulli[1], comme vous le nommez à plusieurs reprises, je ne puis souffrir, mon Père, les éloges dont vous le comblez, ni que vous en fassiez le modèle achevé du parfait compositeur. Si vous aviez entendu nos grands maîtres, Mozart, Beethoven, Rossini....

— Avouez que je n'y pouvais rien, et que

[1] Quatrième discours du P. André : le Beau musical.

n'ayant pas eu l'honneur de les connaître et le plaisir de les entendre....

A ce moment parut sur la scène un homme de très haute taille, d'allure tout à la fois noble et vive, qui d'une main tenait un violon et de l'autre un archet. Il lança sur le chef de l'École éclectique un regard plein de colère, et il levait son archet comme pour le frapper, quand celui-ci se dirigeant tout à coup vers moi, d'un ton solennel :

— Dites à votre parent, à votre académicien, peu importe, qu'il doit renoncer à parler du beau, s'il n'a point l'âme belle. Il ne s'agit pas ici, croyez-le bien, de logique, de physique, d'algèbre, de géométrie. C'est trop peu d'exposer et d'éclairer ; il faut toucher, remuer, pénétrer : la beauté seule peut nous mettre en rapport avec la beauté. Je ne demande pas sans doute que son âme soit, comme celle de Platon, divinement inspirée ; mais que du moins elle possède, à un degré éminent, une des qualités secondaires qui correspondent à l'un des éléments du beau ; qu'elle soit fine, délicate, sympathique comme celle de cet aimable vieillard.

Le Père André s'inclina.

— Toute beauté n'est pas sublime, continua Victor Cousin, il en est de plusieurs sortes.....

Suivirent quelques paroles confuses terminées par ces mots prononcés, cette fois, d'une manière distincte, et accompagnés d'un geste impératif.

— Sinon qu'il ne se mêle point d'écrire sur le beau : c'est inutile.

— C'est inutile, répéta le Père André, en se tournant vers moi avec un gracieux sourire.

— C'est inutile, exécuta sur le violon, avec des reprises variées le musicien, était-ce Lulli ou un autre, dont la taille avait, je ne sais comment, diminué de moitié.

— Parfait musicien, lui dis-je alors, tandis que s'éloignaient de nous les images de plus en plus flottantes de Victor Cousin et du Père André, maintenant que nous sommes seuls, pourriez-vous me dire ce que c'est que le beau, ou tout au moins me le faire pressentir, vous qui avez tout à l'heure communiqué tant de force et d'agrément aux dernières paroles de ces deux philosophes. Les uns disent en effet que le beau c'est la variété dans l'unité, mais je ne les entends pas bien.....

— Vous avez raison, me répondit-il : le premier terme de la définition renferme le second ; c'est à celui-là qu'il faut nous en tenir.

Puis, sans se faire prier et sur ce thème unique : *le beau c'est l'unité,* il fit entendre des accords si variés, si ravissants, un chant si parfaitement un dans la diversité infinie de ses modulations, que non seulement mon âme et mes sens en furent transportés, mais mon intelligence fut éclairée d'une lumière dont elle n'avait pas auparavant la moindre idée. Jamais je n'avais si bien compris que l'unité la plus une est aussi la plus riche, la plus féconde, et qu'à vrai dire l'unité est en proportion du nombre et de l'harmonie des éléments qui la constituent.

Je croyais tenir le vrai sens de la vraie définition, et j'allais rendre grâces à son habile interprète, quand pour se jouer de moi ou pour me faire voir l'inanité, tout au moins l'extrême insuffisance de ces formules abstraites (je ne saurais me rendre un compte exact de son intention), sur ces quatre paroles prononcées d'abord avec une solennelle lenteur: *le beau est un je ne sais quoi,* il développa peu à peu, avec une variété d'invention vraiment admirable, toute une composition musicale, la plus riche, la plus noble, la plus belle qu'on puisse rêver. Ce *je ne sais quoi,* si terne et si vague à première vue, et à prendre les mots dans leur sens littéral, s'illumina bientôt de clartés croissantes, s'enrichit de perfections inattendues, jusqu'à atteindre l'infini. J'entrevis, dans cette impuissance même des langues humaines à nous dire le dernier mot du beau, dans cette nécessité où elles sont réduites à nous payer d'un je ne sais quoi, d'un suprême appel au plus mystérieux, au plus touchant des arts, quelque chose qui dépasse l'humanité. Pour tout dire, ce *je ne sais quoi* me parut presque divin. Ce que la parole faisait vaguement pressentir, la musique le faisait croire, avec le seul regret que son impression fût si fugitive.

Le petit musicien s'était promis sans doute de me faire passer de surprise en surprise, et de donner à l'art des transitions tous les démentis imaginables, car, sans me prévenir cette fois et sans m'expliquer, même par un seul mot, les motifs de sa bizarre conduite, il se mit à déclamer, en s'accompagnant de l'inséparable violon, le passage de Platon que j'avais lu et relu depuis huit jours, dans l'espoir d'y découvrir des lumières nouvelles[1]. Dire ce qu'il ajoutait de force à chaque mot, de sens précis et profond à chaque phrase, de belle ordonnance à la suite du discours, est vraiment impossible : il me faudrait épuiser toutes les variétés de l'hyperbole; je ne me suis déjà que trop loin avancé dans cette voie. Je ne saurais toutefois omettre qu'il excellait à marquer les degrés par lesquels l'esprit humain s'élève à la beauté parfaite, à en faire ressortir les différences, à leur donner à chacun leur ca-

[1] Platon : *Le Banquet;* Discours de Diotime.

ractère propre et leur supériorité sur les degrés inférieurs. Puis tout à coup, jetant loin de lui archet et violon, il disparut en déclamant à plusieurs reprises, comme un dernier adieu : « *Des beaux corps aux belles âmes, des beautés inférieures à la Beauté.... ordre, hiérarchie.... harmonie.... unité !* »

L'âme ne dort pas tout entière dans les songes, et la communication avec le monde extérieur n'est pas absolument rompue. Les sens, avec plus ou moins de vivacité, suivant la nature de chacun de nous et la profondeur ou la légèreté du sommeil, apportent à l'esprit des sons, des murmures, de vagues impressions qu'il associe à ses impressions de la veille, à ses idées ordinaires, autant qu'il se peut faire en l'absence du pouvoir directeur, c'est-à-dire de la façon la plus irrégulière et la plus bizarre. Je ne sais quels insectes ailés bourdonnant autour de ma tête où ces mots : *unité*, *harmonie*, *expression*, *je ne sais quoi*, *unité*, *variété*, *ordre*, *hiérarchie*, s'agitaient, s'unissaient, se séparaient, et en somme ne s'accordaient point du tout, un nouveau spectacle s'offrit bientôt à mes regards. Un bataillon serré de tout petits corps pointus, arrondis, crochus, de toutes les formes, mais d'une couleur assez sombre, traversait l'espace avec un grand fracas, suivi ou plutôt poursuivi, à peu de distance, par un bataillon d'égale force mais brillant d'une clarté si éblouissante que mes regards pouvaient à peine distinguer les uns des autres, faut-il dire les corps ou les unités qui le composaient. On eût dit, toute grandeur mise à part, les anges de lumière poursuivant, après leur chute, les anges de ténèbres et les précipitant dans le sombre abîme. C'est à peine si les atomes en déroute, car c'étaient bien les atomes, au moment où ils passaient le plus près de moi poussèrent quelques faibles cris : Vive Épicure ! vive Démocrite ! vivent les atomes ! vive la matière pure ! à bas les forces ! L'instant d'après, au contraire, du milieu de la phalange victorieuse, ces sons ou ces cris se suivaient, se multipliaient pressés, retentissants : Vive Leibnitz ! vive Leibnitz ! Nous sommes les forces, nous sommes l'unité, nous sommes la vie, nous sommes la beauté !

— « Vous mentez, leur dis-je, avec une vivacité que je ne pus contenir, et sans songer aux suites possibles de cette protestation ; vous mentez, vous n'êtes, vous non plus, que des abstractions, et si les autres sont pure matière, vous êtes, vous, de pures idées. Atomes d'Épicure ou forces de Leibnitz, pour moi c'est tout un : unissez-vous, et peut-être changerai-je d'opinion. »

— Nous sommes des unités vivantes, répondit tout d'une voix la multitude des monades, et chacune de nous capable, s'il le fallait, de réfléchir comme en un miroir l'univers entier, porte en elle les principes de toute vie, de toute expansion, de toute beauté. Nous nous développons en une magnifique hiérarchie, sans vide, sans interruption, depuis le minéral jusqu'à l'esprit le plus pur, et de là jusqu'à la monade des monades, la Force dont nous sommes les forces, le Soleil dont nous sommes les rayons, la Beauté dont nous sommes tantôt le pâle reflet, tantôt la brillante et pure image.

A ce moment, et comme pour appuyer une démonstration à laquelle mon esprit n'accédait pas encore, tout autour de moi la vie universelle sembla prendre une activité, se développer avec une puissance inouïes. Les bourgeons se gonflaient à vue d'œil, les feuilles se dilataient, les fleurs s'épanouissaient, et leurs parfums devenaient à la fois plus pénétrants et plus doux. Je ne sais quel profond murmure annonçait que dans les airs et à la surface de la terre, aussi bien que dans ses entrailles, la création allait s'étendant, se multipliant, jouissant d'elle-même et de son Auteur. La vallée s'élargissait, les montagnes s'élevaient avec une grandeur plus imposante, dans des rapports plus harmonieux, au sein d'une lumière distribuée et nuancée avec un art infini. A toutes ces magnificences, au moment même où elles se déployaient devant elle, mon âme répondait par ce cri de foi et d'amour :

« O nature, si vivante et si féconde que vous soyez, non jamais sans la vie qui se développe en moi, je ne saurais rien de votre vie et de votre fécondité. Forces, grandeur, hiérarchie, beauté des choses, c'est la force, la grandeur, la beauté de mon âme, c'est l'imposante hiérarchie des pouvoirs intérieurs qui me permettent de vous comprendre. C'est grâce à mon âme, que je puis admirer tant de beautés qui lui seraient à jamais inconnues, si elle n'était elle-même vie, lumière et beauté. »

A ce moment une douce harmonie monta vers moi du fond de la vallée, en même temps que des gorges de la montagne, à travers le Col du Sappey, une longue file de Chartreux couverts de leurs tuniques blanches s'avançait lentement et semblait se diriger vers la ville...... Cependant les chants devenaient plus distincts, ils se rapprochaient et frappaient vivement mon oreille.

Je me réveillai tout en une fois, assez à temps pour jouir d'un spectacle fort simple sans doute, mais qui pourtant mériterait un autre pinceau. Dans le chemin étroit que dominent les mûriers, vingt ou trente jeunes filles vêtues de blanc, la tête couverte d'un voile, s'avançaient deux à deux en chantant un pieux cantique. A leur suite, à peu près autant de jeunes garçons en habits de fête. Le vénérable curé de Claix, à ses côtés un tout jeune prêtre, l'un et l'autre en habit de chœur, séparaient les enfants de leurs familles, et les jeunes confirmants des amis qui avaient voulu les suivre et s'édifier avec eux. C'était en effet la paroisse de Claix qui allait s'unir à celle de Varces pour recevoir de l'évêque de Grenoble, avec des encouragements pour tous, le sacrement des forts pour les plus jeunes et les plus faibles. Arrivé en vue du cimetière et de la petite chapelle bâtie autrefois par les Religieux de Saint-Jean de Jérusalem, le curé entonna le psaume : *Lætatus sum*... que tous, grands et petits, jeunes et vieux, hommes et femmes, continuèrent en deux chœurs alternatifs. Quelques instants après la solitude avait repris son silence, les voix allaient de plus en plus s'affaiblissant, mais non l'impression de ce touchant spectacle. La voix de l'homme, la voix de son âme était venue, pour un court instant, s'unir à la nature, et elle l'avait dominée. Tant de beautés, dont s'enivraient mes sens et où se perdait ma pensée, avaient cédé à cette simple beauté qui, des sens à peine effleurés, avait été droit au cœur et à la pensée.

Et je me disais à moi-même, tout en me dirigeant vers la demeure qui avait ouvert joyeusement ses fenêtres et semblait me souhaiter la bienvenue : « Oui, j'écrirai à mon académicien que s'il est un point de départ à l'étude du Beau, meilleur que tous les autres, c'est dans l'âme humaine qu'il doit se trouver : il faut le chercher là, et nulle part ailleurs. C'est dans l'âme, en effet, que Dieu, la Beauté suprême, habite par l'amour et la raison : c'est l'âme qui prête sa beauté à la nature et illumine de ses vives clartés les pâles reflets du monde extérieur. »

Le rêve de mon ancien camarade de collège vaut ce que vaut un rêve, mais, pour la conclusion, je l'accepte sans hésiter.

III

L'ART DANS LA CITÉ CHRÉTIENNE

III

L'ART DANS LA CITÉ CHRÉTIENNE

Visite à deux Artistes contemporains

20 octobre 1884. — 30 janvier 1885.

« Croyez-moi, me dit mon parent, M. Emile V..., montez à la Ville-Haute, sonnez à la porte de M. Maréchal, entre une heure et deux : c'est le seul moment de la journée où, malgré ses quatre-vingt-deux ans, il s'accorde un peu de repos. Vous aimez les artistes qui ont réfléchi sur leur art et qui veulent bien en parler, surtout s'ils savent le faire avec chaleur, avec talent : sous ce rapport M. Maréchal ne laisse rien à désirer. Contraint après la guerre de quitter Metz, sa ville natale, théâtre de ses succès, éprouvé par tous les malheurs, il s'est réfugié ici où, dans une solitude profonde, il travaille beaucoup, pense beaucoup ; c'est un artiste en passe de devenir un philosophe. Je le soupçonne même d'écrire soit des mémoires, soit un livre sur l'art qu'il a si bien cultivé, et dont nous nous entretenons chaque fois qu'il vient me visiter, ce qui arrive assez fréquemment. Je suis trop souffrant aujourd'hui pour vous accompagner, mais dites que vous venez de ma part, que vous êtes mon parent, et les portes du sanctuaire s'ouvriront aussitôt ». — On était à la fin d'octobre 1884, presque au dernier jour des vacances ; différer la visite, c'était y renoncer : elle eut lieu le jour même, à l'heure dite, et la porte s'ouvrit comme on l'avait annoncé.

C'est tout au plus si la Ville-Haute, à Bar-le-Duc, est élevée de cent mètres au-dessus de la Ville-Basse et de la vallée de l'Ornain ; en réalité elle en est, pour les coutumes et les usages, à plusieurs lieues, et si l'on considère l'aspect extérieur et l'ameublement des maisons, à une distance d'au moins deux siècles. Tout y est solide, vaste, austère et quelque peu triste : l'hôtel où réside M. Maréchal ne diffère point, sous ce rapport, des vingt ou trente hôtels à façade sculptée, mais à demi déserts, qu'habitent seulement ou des fonctionnaires amis de la paix et de l'économie, ou les rares descendants de quelques anciennes familles. Le Maître me reçut dans un antique et vaste salon, dont les fenêtres s'ouvrent sur la Ville-Basse et sur la riante vallée du Naveton, un des affluents de l'Ornain. Inutile de dire que les tapisseries disparaissaient sous les tableaux, paysages et portraits, dont les premiers en date remontaient à plus de soixante ans, dont les derniers venaient à peine d'être terminés. Nous primes place dans deux grands fauteuils en parfait rapport, pour leur âge et leur forme, avec tout ce qui les entourait, et la conversation, les préludes ordinaires rapidement épuisés, se fixa sur l'art, sur la peinture en particulier, pour ne plus s'en détacher.

J'entends toujours, même après plusieurs mois, cette parole simple et grave que j'avais à peine besoin d'exciter par quelques rares interrogations, pour qu'elle abordât tour à tour tant de questions intéressantes ou de problèmes difficiles dont le domaine de l'art est rempli. Je vois encore, sur ce visage pâle et amaigri, cet œil plein de feu où la vie de l'âme semblait s'être concentrée. Mon cousin ne s'était point trompé : l'artiste était devenu avec l'âge un véritable philosophe dont les idées s'accordaient, sur un grand nombre de points, avec les miennes, et sur d'autres au contraire différaient sensiblement. Il s'en aperçut bientôt et, avec une urbanité parfaite qui se fait rare de nos jours, avec la délicatesse d'un artiste habile à exprimer les nuances et à ménager la lumière, il adoucit autant qu'il le put, dans l'expression de sa pensée, les différences et les contrastes, « souffrant de contredire encore, malgré ces ménagements, des convictions qu'il avait le regret de ne point toutes partager ».

Comment l'habile restaurateur d'un art longtemps oublié et presque perdu, celui de la peinture sur verre, comment l'artiste inspiré qui avait, avec tant de perfection, dans nos cathédrales et nos églises lorraines, plus tard dans la France entière, multiplié les portraits d'évêques, de saints, de vierges, de martyrs les plus touchants, les plus rayonnants de vie divine et de grâce intérieure, comment, depuis quand, à quel degré avait-il laissé s'affaiblir en lui la flamme des anciens jours : loin de sonder le problème d'une main téméraire et d'une parole indiscrète, je fis comme s'il n'existait pas. J'écoutai donc, sans les entendre, plusieurs réserves dont le sens, si j'y avais fait attention, n'était point difficile à pénétrer.

Entre tous les souvenirs de cette conversation qui ne languit pas un instant, je m'arrête à celui qui s'est le mieux gravé dans ma mémoire, je veux dire le partage de l'art ou plutôt de son histoire en quatre périodes nettement tranchées : l'art égyptien, l'art grec, l'art chrétien, l'art de l'avenir. Pour les deux premières, point de difficultés : tout le monde sait, en effet, quelles différences profondes séparent les manifestations de l'art en Orient de l'art tel que les Grecs l'ont conçu. Qu'on donne au premier considéré dans son ensemble le nom d'art égyptien comme le demandait M. Maréchal, peu importe encore; les monuments nombreux et imposants qu'il a laissés dans la vallée du Nil justifient cette désignation. Quant à l'art grec, on admet en général qu'il forme, à lui seul, une période dont les caractères ont été plus d'une fois décrits avec autant d'exactitude que de talent. Sur ce deuxième âge encore, pas l'ombre d'un dissentiment : accord parfait entre le maître et son disciple improvisé. A plus forte raison s'établit-il sur l'art chrétien en général, et il eût persévéré de la sorte jusqu'à la fin, sans l'apparition d'une quatrième période qui, si j'ai bien compris la pensée de M. Maréchal, devait non seulement s'ajouter à l'art chrétien comme celui-ci s'était ajouté à l'art grec, mais encore les dépasser de beaucoup l'un et l'autre, en puisant à des sources d'inspiration plus riches et plus élevées.

Ici, je l'avoue, des explications devenaient indispensables, et je m'empressai de les demander, comme beaucoup d'autres l'eussent fait à ma place. En effet, si la pensée du Maître eût été celle-ci : « une quatrième période est sur le point de s'ouvrir pour l'art, durant laquelle la beauté humaine telle que les Grecs l'ont conçue, et l'idéal divin tel que le christianisme nous l'a révélé, vont s'unir plus intimement, pour produire de nouveaux et plus admirables chefs-d'œuvre », il n'y avait aucune raison sérieuse de n'y point acquiescer et de ne point partager ses espérances. Si, au contraire, on affirmait ou si on semblait croire que le christianisme ayant épuisé tout ce qu'il avait de sève et de vie, et l'art n'ayant plus rien à lui demander, il fallait chercher ailleurs une inspiration que cette grande religion parvenue à son terme ne pouvait plus entretenir, la conciliation devenait difficile, sinon même impossible, entre deux manières de voir absolument opposées.

A plusieurs reprises, avec tous les ménagements dont j'étais capable, je m'efforçai d'obtenir des indications précises sur la nature des sources qui allaient s'ouvrir pour l'art régénéré : je n'obtins que des réponses évasives. Tout se bornait, en résumé, à des pressentiments, à une secrète confiance de voir, dans un avenir prochain, le progrès de l'art marcher de pair avec le progrès des sociétés, avec celui des lumières, de la justice, de la science. A un épanouissement plus complet — ce mot est bien, si j'ai bonne mémoire, celui que le

Maître prononça — de toutes nos facultés, à une vie plus parfaite de notre âme correspondrait, dans un avenir prochain, un art du même ordre, c'est-à-dire supérieur à tout ce qui l'a précédé, à l'art égyptien, à l'art grec, à l'art chrétien. Je crains, en vérité, de ne pas traduire avec assez d'exactitude une pensée que peut-être je n'ai point parfaitement comprise ; mais j'ai la promesse de M. Maréchal qu'il lui donnera, si l'âge et les occupations le lui permettent, dans une sorte de mémoire ou testament artistique, une forme définitive[1]. Je m'abstiens donc de la juger, et pourtant je ne puis effacer cette impression, ni chasser de mon esprit ce souvenir que, dans la pensée du Maître, le christianisme, au point de vue de l'art, a donné tout ce qui était en lui, et que désormais le progrès est ailleurs.

Après une visite à l'atelier où les œuvres de l'heure présente et celles du passé, nobles témoins d'une longue et laborieuse carrière, me furent présentées avec autant de modestie que de bonne grâce, expliquées avec toutes les circonstances qui permettaient de les mieux comprendre, je

[1] M. Maréchal est mort le 17 janvier 1887. Sa ville adoptive lui a fait les plus belles et les plus touchantes funérailles.

repris le chemin de la Ville-Basse, mais par le plus long et en suivant la nouvelle route plus douce et plus commode que l'ancienne. Malgré moi, la même pensée me revenait sans cesse à l'esprit et l'obsédait, au point d'en écarter toutes les autres. C'est le propre de certaines affirmations contraires à notre manière de voir, mais que recommandent le savoir et l'autorité de ceux qui les énoncent, de répandre d'abord dans notre âme comme une vague inquiétude et je ne sais quel trouble qui ne se dissipe pas aisément. C'est comme un choc soudain auquel rien ne nous préparait : on est ébranlé, on souffre, avant de songer à la résistance.

— Il est vrai, me disais-je, ce monde de l'art m'est peu connu ; c'est à peine si j'y ai fait les premiers pas, et sans doute il serait plus sage d'en croire la parole de ceux qui l'ont exploré dans tous les sens. Mais encore faudrait-il s'assurer s'ils sont tous du même avis, et s'ils s'accordent à regarder la période soumise à l'influence du dogme et de l'esprit chrétiens comme décidément close, sans le moindre espoir de retour. L'art vit de sentiments et de pensées : or, les pensées, les sentiments que le christianisme inspire ne sont pas de ceux qui tarissent en un jour et disparaissent, pour ne plus renaître. A y regarder de près, ils sont encore, à l'heure présente, l'honneur et la force de notre civilisation : ils la distinguent de toutes celles qui l'ont précédée dans l'histoire, comme ils l'élèvent infiniment au-dessus des civilisations inférieures dont nos armes ne triompheront sans retour, que si elle-même triomphe à la suite de nos armes. Ce qui reste des Lettres vraiment dignes de ce nom échappe-t-il davantage à son influence : il serait difficile de le prouver.

Comparons, dans la poésie contemporaine, dans l'œuvre de Lamartine, ou mieux encore dans celle de Victor Hugo, depuis le *Berceau de Moïse* jusqu'à la *Légende des siècles*, ce qui relève, à quelque degré, du christianisme, de sa doctrine et de son esprit, et ce qui contredit ouvertement sa morale et ses principes, et nous verrons de quel côté la grandeur, la vraie beauté, la gloire impérissable, de quel côté la frivolité, l'éclat éphémère, l'oubli profond et prochain. Le doux souvenir et parfois l'amer regret de la foi perdue, l'ineffaçable empreinte du Christ dans l'âme où il a passé, ne fût-ce qu'un jour, n'ont-ils pas inspiré à Alfred de Musset ses plus beaux vers, ceux qui vivent dans toutes les mémoires ! Et je me récitais à moi-même, tout en descendant la colline, le début de Rolla :

. . . .

Regrettez-vous le temps où d'un siècle barbare
Naquit un siècle d'or, plus fertile et plus beau,
Où le vieil univers fendit avec Lazare
De son front rajeuni la pierre du tombeau ?

. . . .

Eh bien ! qu'il soit permis d'en baiser la poussière
Au moins crédule enfant de ce siècle sans foi,
Et de pleurer, ô Christ, sur cette froide pierre
Qui vivait de ta mort et qui mourra sans toi !

Puis le souvenir me vint, je ne sais comment, d'une page écrite à la même époque (il se peut que ce soit la même année), la plus belle, la plus chrétienne qui soit sortie du cœur de Victor Cousin. Et me voilà cherchant à refaire mot par mot, phrase par phrase, l'éloquente apostrophe trop peu connue, et bien digne de l'être, qui termine la biographie de Santa Rosa. Effort inutile : la prose la plus harmonieuse, le lecteur en conviendra, se grave difficilement dans la mémoire : du moins, à défaut du texte authentique, la chaîne des idées se reforma peu à peu tout entière.... Tel est donc le langage que tenait, en 1838, dans la force de l'âge et de la pensée, le chef reconnu des spiritualistes français : ses derniers livres, en particulier celui du *Vrai, du Beau et du Bien*, sont loin, comme on sait, de l'avoir contredit.

Et c'est ainsi que tous, les uns après les

autres, fatigués de leurs stériles polémiques, déçus, désabusés, ils viennent rendre au christianisme un solennel hommage. S'il n'est point toujours celui d'une foi soumise, c'est au moins celui d'une admiration et d'une vénération sincères pour la seule religion qui ait réussi à faire pénétrer dans les masses, avec les vérités révélées, les principes d'une saine philosophie. Les esprits les plus indépendants de notre siècle, Fichte, Schelling, Maine de Biran, Auguste Comte ont-ils fait autre chose, à la fin de leur carrière, que retrouver au plus intime de leur Moi, à des profondeurs où ils n'étaient pas d'abord descendus, quelques-unes des vérités que le christianisme enseigne au monde depuis dix-huit siècles, mais sans aucun des excès, sans aucune des fantaisies singulières qu'ils y ont mêlés. Je serais bien étonné si le *Spiritualisme nouveau* dont M. Vacherot, mon ancien et vénéré maître, m'annonçait récemment la publication prochaine, ne renferme pas, à son tour, l'éloquent témoignage d'une âme que le christianisme avait d'abord marquée de son empreinte.

Ces souvenirs et ces réflexions s'enchaînaient un peu au hasard, sans beaucoup de suite, comme il est facile au lecteur de s'en convaincre. Toutefois, ce premier et rapide coup d'œil n'était pas, tant s'en faut, au désavantage du christianisme et de son influence, même à l'époque présente, sur la philosophie et les Lettres. Pourquoi en serait-il autrement de son action sur les arts ? Comment se serait-elle si vite épuisée ? Je n'en découvrais pas les raisons; mais peut-être mon ignorance et mon peu d'expérience en ces matières en étaient la cause. Je résolus donc d'interroger les artistes de talent que j'aurais la bonne fortune de rencontrer, et qui voudraient bien répondre à mes questions, mais de préférence ceux qui joindraient à l'habitude de réfléchir une grande liberté d'esprit.

L'occasion s'offrit, quelques mois plus tard, de mettre une première fois mon projet à exécution, et je n'eus garde de la laisser échapper. L'ancien directeur de l'École de Rome appelé de nouveau à ces hautes fonctions par le suffrage de ses collègues, Ernest Hébert, était à Grenoble. Pour parler plus exactement, c'est à La Tronche, gros village suburbain, qu'il s'était établi vers la fin de l'automne, et qu'il jouissait, au milieu de ses amis et de ses souvenirs d'enfance, du calme profond nécessaire à ses travaux. Le voyageur qui parcourt les rues de Grenoble ne tarde pas, qu'il le veuille ou non, à faire connaissance avec Ernest Hébert, et à découvrir jusqu'à quel point ses concitoyens sont fiers de leur grand artiste. Qu'il jette seulement un rapide coup d'œil sur les vitrines des libraires, sur celles des magasins qui n'ont, avec la gravure et les arts, que les rapports les plus lointains, partout, à la place d'honneur, il verra reproduite dans tous les cadres, dans toutes les dimensions, sa Vierge de la Délivrance, le plus souvent en compagnie de sa sainte Agnès. Aux esprits curieux qui demanderaient comment, à Grenoble, où de retentissants discours ont été prononcés dont on ne saurait dire qu'ils étaient à la louange du catholicisme, la Vierge est en si grand honneur — je répondrais que le monde est plein de ces contradictions, que les philosophes n'ont pas mission de les expliquer toutes, puisqu'ils en ont, au contraire, sous le nom d'*antinomies,* découvert un grand nombre qui n'existent pas, et que, d'ailleurs, un des bienfaits de l'art, une de ses vertus, c'est d'opérer entre choses et personnes des conciliations qu'on essaierait inutilement par d'autres voies. Mais cet art c'est pourtant, si j'en crois mes yeux, oui, c'est l'art chrétien : *donc* l'art chrétien n'est pas, même à l'heure présente, si dépourvu d'influence que... Arrêtons tout court ce syllogisme à sa naissance; nous raisonnerons plus tard, s'il y a lieu : bornons-nous, pour l'heure, à écouter ce qu'on voudra bien nous dire.

Il n'est pas, à Grenoble, un seul ami des arts qui n'ait une fois au moins, dans ces dernières années, conduit à l'église de La Tronche un étranger, un parent, pour lui faire honneur de la merveille que chacun admire, et pour lui en raconter l'histoire si honorable pour le cœur d'Hébert et pour son patriotisme.

« Il en est de la Vierge, me disait un jour, au retour d'un de ces pieux pèlerinages, un homme de goût dont il importe peu qu'on sache le nom, comme de la liturgie catholique, et en particulier de la messe qui en est tout à la fois l'âme au regard du dogme, et le chef-d'œuvre à un point de vue plus humain. Vous n'ignorez pas, sans doute, qu'on nous annonce une messe de Gounod, et l'on en fait d'avance, à bon droit j'imagine, les plus magnifiques éloges. Rien qu'à partir de Palestrina, et de sa célèbre messe à six voix dont le succès (1565) fut le salut de la musique religieuse, on en pourrait compter sans peine deux ou trois cents. Croyez-vous que celle de notre grand artiste soit la dernière, et qu'elle fermera la liste de ces merveilleuses compositions dont plusieurs sont des chefs-d'œuvre ? Espérez-vous que le maître ait été à l'heure présente, ou que l'un de ses successeurs puisse être un jour assez bien inspiré, pour exprimer par des harmonies assez riches, assez touchantes, assez pieuses, assez majestueuses, tout ce qu'il y a de pensées, de sentiments, de prières, d'élans de foi et d'amour, de profondeurs insondables dans les différentes parties de la messe, en lui conservant son unité? La vérité, c'est qu'au musicien du plus beau génie, tant d'efforts qu'il fasse pour exprimer l'inexprimable, il restera toujours, en présence du Saint des Saints, dans le mystère de son amour, tout à dire, tout à exprimer. »

« Or, n'en est-il pas de même de la Vierge, à quelque moment de sa vie et de sa mission qu'on essaie de nous la représenter, et l'inépuisable trésor de la maternité divine peut-il être jamais épuisé ? L'enfant aux pensers profonds que nous venons d'admirer l'un et l'autre, pour le moins autant que nous avions admiré sa mère absorbée dans une silencieuse contemplation, quel art, si parfait qu'il soit, nous révèlera tout ce qu'il est, tout ce qu'il a voulu devenir dans l'excès de sa bonté? Quel peintre plus heureux et plus grand que tous ses devanciers ensemble pourra dire un jour, en nous présentant son chef-d'œuvre : Voilà la Vierge Mère, voilà l'enfant dont la Grèce n'a rien su, dont mes prédécesseurs les plus illustres ne nous ont laissé que de pâles images ; le voilà dans toute sa beauté humaine et dans toute sa beauté divine, sans qu'il y manque un trait, sans qu'on y puisse regretter une imperfection. C'est la limite de l'art et son suprême effort. Peintres, brisez vos pinceaux : l'inspiration chrétienne a parlé pour la dernière fois. »

Rien n'est ennuyeux, pour un homme qui n'a pas de temps à perdre, comme une visite banale; mais comment distinguer une visite banale dont tout le profit est pour l'amour-propre du visiteur qui ne s'en taira pas de longtemps, d'une visite dont l'objet est sérieux. Ces réflexions étaient loin de me conduire à l'atelier d'Hébert, elles m'en détournaient plutôt; par bonheur l'aimable intervention de M. de M..... vint y mettre un terme.

— J'apprends, me dit-il un jour, que vous désirez visiter l'atelier d'Ernest Hébert.

— Mais bien plus encore le Maître lui-même, m'empressai-je de répondre.

— Je vous en veux de ne point me l'avoir dit : il y a longtemps que la chose serait faite. Ignorez-vous qu'Ernest Hébert est mon parent?

— Je l'ignorais.

— Par bonheur le mal n'est pas sans remède. C'est seulement dans un mois, aux premiers jours de mars, qu'il nous quitte pour retourner à Paris. Tenez-vous prêt jeudi prochain, à quatre heures précises : en vingt minutes nous serons rendus à sa villa. C'est juste l'heure où il interrompt son travail et où il reçoit volontiers les visiteurs. Vous acceptez, n'est-ce pas ?

— Assurément, et grand merci.

— A l'heure dite, père, mère, enfants, précepteur, nous montions en voiture; à l'heure dite encore nous étions reçus dans la villa d'Hébert. C'était la première partie de notre programme, celle qui devait s'exécuter de point en point : la seconde laissait plus de place à l'imprévu.

L'atelier où nous fûmes reçus, sans passer par le salon, est vaste, et la lumière y pénètre dans les conditions les plus favorables. Le peintre doit compter avec elle à tous les instants, la mesurer, la diriger, l'attendre; mais du moins lui rend-elle en échange d'incalculables services. On n'en saurait dire autant des observations plus ou moins sensées que se permettent, parfois même en présence du Maître, des visiteurs ignorants. Encore n'est-ce point pour lui un danger sérieux : ou il ne les entend pas, ou il les dédaigne; un coup d'œil rapide jeté sur son œuvre suffirait, au besoin, pour le rassurer. De nos jours les grands artistes, peintres, poètes, musiciens ont moins à se prémunir contre d'injustes critiques que contre l'excès de la louange. Plusieurs s'y laissent prendre, et la dignité de leur caractère en souffre, plus tard leur œuvre elle-même. D'autres mieux pourvus de sagesse résistent et ne se laissent pas entamer. Hébert est de leur nombre : il ne faut pas converser longtemps avec lui pour se convaincre que sa modestie est à la hauteur de son talent. Sans doute il n'est pas plus qu'un autre insensible à la louange, mais il l'aime discrète, intelligente, sans emphase et sans excès. Est-il compris, a-t-on pénétré sa pensée, il jouit en silence d'une appréciation qui répond à la sienne : il en est moins heureux pour lui-même que pour son œuvre dont la beauté appartient à qui sait la découvrir.

La présentation qui n'est jamais cérémonieuse chez les artistes fut, cette fois, d'autant plus sommaire que deux autres visiteurs nous avaient précédés. Au moment où nous entrâmes, Hébert qui traitait avec l'un d'eux de vieux camarade à vieux camarade avait consenti, faveur aussi rare que précieuse, à lui faire voir les portraits de quelques dames et demoiselles des meilleures familles de la ville, les uns entièrement achevés, les autres sur le point de l'être. Nous profitâmes de la bonne fortune qui s'offrait à nous si généreusement : la pensée d'une pareille requête, en mon nom et pour mon compte, ne me serait pas venue à l'esprit. J'avais donc le beau rôle, celui qui consiste à jouir d'un bien qu'on n'a pas sollicité, et la situation fort agréable d'un spectateur qui n'a qu'à regarder, écouter et ne rien dire. Tandis qu'on échangeait près de moi des observations et des félicitations dont je n'entendais qu'une faible partie, je donnai d'abord quelques instants au portrait d'une jeune fille[1] qui, dans le courant de cette même année, devait épouser un brillant officier, et, trois mois plus tard, par sa mort presque soudaine, remplir deux familles d'une inconsolable douleur. Il me souvient d'avoir remarqué sur son front comme une ombre légère, dont on pouvait faire aussi bien l'expression d'une extrême timidité que celle d'une passagère mélancolie. Ou bien est-ce que réellement, comme on l'a dit quelquefois, le vague pressentiment de leur courte destinée passerait de l'âme dans le regard de ceux que la mort doit moissonner dans leur jeunesse ?

Une réflexion que firent naître ces portraits vaut peut-être la peine qu'on s'y arrête un instant. Voilà bien la vivante image de jeunes personnes qui me sont toutes connues, dont les traits, l'expression, et jusqu'au maintien, sont reproduits avec une rare fidélité. Et pourtant il y a plus encore, et si la vérité n'est pas trahie, n'est-elle pas, si je puis m'exprimer ainsi, accrue et agrandie ? On dit tous les jours que l'idéal dont le

[1] Mlle Blanche de Saussine.

peintre s'inspire dans un sujet d'imagination, il le forme lui-même d'éléments empruntés à la nature, mais harmonieusement unis par la puissance de l'art : soit, admettons cette définition de l'idéal, mais à condition qu'on l'interprète avec un peu de largeur. Ici, en effet, c'est une seule personne, cette jeune fille ou cette jeune femme, qui a fourni tous les traits : le peintre n'en a pas de lui-même imaginé un seul. Et pourtant ce je ne sais quoi de plus parfait qui s'est ajouté à la nature sans l'altérer, n'est-ce pas encore l'idéal ? De tous ces portraits si vrais, si fidèles, ne doit-on pas dire qu'ils sont tous idéalisés ? Le talent du peintre, — ce talent mériterait peut-être un autre nom, celui d'inspiration, par exemple, — a saisi, parmi une foule d'instants moins favorables, l'instant unique où l'âme se montrait, pour ainsi dire, à découvert dans son enveloppe mortelle, et où paraissait dans toute sa force, dans tout son éclat, ce caractère qui est propre à chaque âme et qui la distingue de toutes les autres. Ce signe dont le sens demeurait pour nous confus, enveloppé, le peintre l'a dégagé ; il a réussi à l'exprimer, sans en rien laisser perdre ; il lui a donné toute la perfection qu'il peut avoir. Et ainsi a-t-il uni la réalité à l'idéal, et à une fidélité dont nous sommes témoins quelque chose de plus qui la dépasse, sans la trahir.

Comment aussi n'être pas frappé d'un trait commun à tous ces portraits de femmes et de jeunes filles et, après avoir admiré en elles les dons diversement répartis de finesse et de délicatesse, de noblesse et d'intelligence, de bonté, de grâce et de beauté, ne point saluer avec respect la modestie de ces chrétiennes plus belle que toutes les parures, supérieure à tous les dons ! Recommandez, ô Maître, recommandez, sans vous lasser, à vos élèves, d'oublier de temps à autre la Renaissance à demi païenne, et ces modèles dont la beauté purement plastique n'a presque rien à voir avec la beauté morale, pour s'inspirer de ces fronts et de ces regards si purs dont la Grèce serait jalouse, si elle les voyait et si elle savait les comprendre. Quel trésor pour l'art dont il se doute à peine et où il commence seulement à puiser, que ces femmes chrétiennes élevées par tant de siècles de vie intérieure, de prière et de vertu, au degré supérieur de la beauté morale, celle qui de l'âme se répand sur la personne entière, pour donner à des attraits passagers quelque chose de céleste et d'immortel !

C'est dans ces portraits de femmes et de jeunes filles que le talent d'Hébert fait avant tout de délicatesse et de grâce voilée, d'exacte vérité et de charme indéfinissable, se montre tel qu'il est, et pourtant la force ne lui est pas non plus étrangère. Je n'en veux pour preuve que cette mâle figure, où la volonté et l'intelligence sont si étroitement unies, qu'on ne saurait deviner laquelle des deux qualités, dans l'original, cède à l'autre le premier rang : aussi bien l'occupent-elles peut-être dans un accord parfait.

Les amis et les visiteurs d'Hébert s'étant retirés l'un après l'autre, le moment me parut favorable, tandis que M. et Mme de Montal s'entretenaient à l'autre extrémité de l'atelier avec Mme Hébert et sa sœur, pour réclamer à mon tour un quart d'heure d'audience. Je l'obtins sans peine, et bien que je me fisse intérieurement le reproche d'abuser d'une complaisance à laquelle, en qualité d'étranger, j'avais bien peu de droits, toutefois j'allai résolument jusqu'au bout de mes questions. Les réponse faites dès l'abord avec la rigoureuse netteté d'un esprit qui les agitait depuis longtemps, et les avait résolues pour son propre compte, me conduisirent à des questions nouvelles et, en moins d'une demi-heure, la pensée d'Hébert sur le sujet qui m'intéressait si vivement se découvrit à moi tout entière : pas la moindre place pour l'incertitude ou l'équivoque. Je la résumerai d'ailleurs en une phrase que je reproduis, sans y rien changer; elle me fut dite, en forme de conclusion définitive : « Si loin que vous alliez, en parlant de l'influence du christianisme sur l'art, vous n'irez jamais assez loin. »

Rien dans les notes que je rédigeai le soir même avec des souvenirs encore présents, rien n'indique que nous ayons fait, de part et d'autre, allusion à nos idées et à nos convictions personnelles au point de vue religieux : nous nous en tînmes au fait, à l'histoire, et à une sorte de métaphysique très simple dont je prends pour moi la responsabilité, mais à laquelle les faits et l'histoire nous élevaient naturellement.

« Comment, en effet, ne pas reconnaître que si l'art grec absorbé dans l'étude de l'homme et la savante reproduction de la beauté plastique a, pour ainsi dire, atteint sa limite et glorieusement parcouru toute sa carrière, celle de l'art chrétien voit tous les jours reculer les bornes de la sienne, sans pouvoir jamais les atteindre ? Où pourrait bien s'arrêter l'art que domine, invisible et présente, la pensée de l'Homme-Dieu, l'art qu'un rayon direct tombé d'en haut a divinement illuminé, lui faisant apercevoir dans la nature humaine des secrets et des luttes, des joies et des douleurs, des dévouements et des vertus dont il ne savait rien, des beautés qu'il ne soupçonnait pas, une grandeur morale dépassant toutes les grandeurs dont on avait jusqu'alors conçu l'idée ? Est-ce assez de dix-huit siècles écoulés, ou plutôt n'est-ce pas trop peu de tous les siècles à venir, pour nous révéler, sous tous ses aspects, à toutes ses profondeurs, dans sa vérité divine et sa vérité humaine incessamment sondées, à jamais insondables, le Christ enfant, le Christ consolateur, le Christ infiniment miséricordieux, le Christ enseignant, le Christ ami des humbles et des pauvres, le Christ souffrant, le Christ mourant, le Christ ressuscité, le Christ dans la gloire? Bien loin que l'art y soit parvenu, on le voit tous les jours répandre, sans se répéter et sans se lasser, sur les traits des saints, ces amis de Dieu, chargés chacun d'une mission et favorisés d'une grâce particulière, un peu de cette lumière qui nous éblouit, quand nous la contemplons dans l'auteur de la sainteté. On dirait d'ailleurs que, depuis l'Incarnation et l'ineffable mystère de Dieu fait homme, les pensées, les sentiments dont vivent les arts : joie, tristesse, espérance, amour, recueillement, repentir, — la liste en serait infinie, — que les qualités et les vertus de la femme élevée si haut par le christianisme, ont reçu, avec une vie nouvelle, une force, une délicatesse, une profondeur que ni talent, ni génie ne sauraient épuiser. »

Je l'ai dit déjà : je prends à ma charge les con clusions d'un entretien où la part du Maître fut toutefois la plus considérable. Grâce à sa connaissance parfaite de l'art à toutes les époques de son histoire, j'appris en une demi-heure infiniment plus de choses que je n'en aurais recueilli seul, avec beaucoup de peine, dans de nombreux volumes. Rien ne vaut pour nous instruire la parole vivante, *viva vox*, surtout quand cette parole est celle d'un artiste aussi intelligent que sincère, et devenu philosophe, comme je m'aperçois qu'on le devient souvent sans y songer, par un commerce constant avec l'Idéal.

Nous avions apprécié l'artiste doublé d'un philosophe qui s'ignore, dans son atelier, au milieu de ses œuvres, les unes achevées, les autres à peine ébauchées ; nous le vîmes ensuite, dans le salon où nous étions descendus, s'entretenir familièrement des choses les plus simples, revenir avec joie sur quelques souvenirs d'enfance, apprécier avec une bienveillance et une équité parfaites quelques-uns de ses contemporains, et parmi eux M. Maréchal pour lequel il manifestait une sincère estime. Puis tous ensemble, visiteurs et visités, enfants, parents, précepteur[1], nous sortîmes du salon, pour traverser de nouveau le jardin en forme de terrasse qui domine la plus belle partie de la vallée de l'Isère.

[1] Monsieur l'abbé Grange, licencié en philosophie (Université de Grenoble), docteur en théologie, dont les souvenirs ont vérifié et complété les miens.

A ce moment un spectacle d'une telle beauté, d'une telle majesté s'offrit à nos yeux, qu'il nous rendit presque immobiles et qu'il coupa court aux remerciements et aux adieux qui commençaient à s'échanger. Au couchant, du côté de Grenoble (il pouvait être cinq heures et demie), le ciel sans un seul nuage apparaissait comme embrasé par cette clarté d'origine inconnue, mais dont la première apparition avait suivi de près le tremblement de terre de Java. En face de nous, frappée directement par cette lumière indéfinissable, et la réfléchissant avec un éclat extraordinaire sur ses sommets couverts de neige et sur ses glaciers, se dressait, dans un ciel parfaitement pur, la longue chaîne des Alpes dauphinoises. On eût dit du pic de Belledonne comme d'un autel immense, enflammé, préparé pour un solennel sacrifice. Involontairement les vers de Racine me vinrent à la pensée, et je me les récitai d'abord à moi-même, lentement, un à un :

> O mont du Sinaï, conserve la mémoire
> De ce jour à jamais auguste et renommé,
> Quand, sur ton sommet enflammé,
> Dans un nuage épais le Seigneur enfermé
> Fit luire aux yeux mortels un rayon de sa gloire.

Mais arrivé au dernier, c'est à haute voix que je le prononçai :

> Dis-nous pourquoi ces feux et ces éclairs ?

« — Pour annoncer l'approche du Dieu tout-puissant, me répondit une voix où perçait l'émotion. Oui, voilà bien son autel : on dirait que nos Alpes l'attendent et qu'il va paraître ..... *Deus, ecce Deus* .... A ce point de beauté et de sublime grandeur la Nature ne se suffit plus, elle appelle Dieu. »

« — Dites plutôt, dites le Christ, interrompit une voix plus douce. N'est-ce point ici le cadre et le commencement de la Transfiguration ? »

Et j'ajoutai intérieurement :

« — Oui, le Christ ne sortira plus du monde où il est entré. La Nature, si elle le perdait, perdrait sa couronne ; l'art, s'il se séparait de lui, perdrait son inspiration la plus haute. »

IV

LE MYSTÈRE DANS L'ART

IV

LE MYSTÈRE DANS L'ART

Septembre 1895

Dans une de ces heures trop rares où l'on n'a ni devoir ni souci qui vous presse (c'était l'époque des grandes vacances et de notre séjour à Bar-le-Duc), un petit volume me tomba sous la main qui renfermait trois ou quatre dialogues de Platon, et, parmi eux, l'*Ion* sur lequel s'exerce depuis tant d'années la sagacité des érudits. Le désir me vint aussitôt de renouer connaissance avec ce très court, mais très intéressant dialogue, non pour peser leurs raisons et pour ajouter mon opinion à leurs opinions sur son authenticité à mes yeux très certaine, mais pour donner un libre cours aux impressions et aux pensées qui

BIBLIOTHÈQUE NATIONALE R.F. IMPRIMÉS

naîtraient de cette lecture faite sans aucune intention savante et uniquement pour le plaisir. Paisiblement assis à l'ombre d'un beau et large pommier, dans le petit jardin attenant à la maison, et d'où l'œil, sans que rien l'arrête, peut errer à son gré sur la Ville haute tout entière[1] ou sur les riantes collines qui lui servent de cadre, je lisais, sans me hâter, l'œuvre du divin Platon. Une visite imprévue vint m'arracher tout à coup au monde hellénique auquel j'appartenais déjà tout entier. En quelques instants, en effet, j'étais devenu d'abord un contemporain d'Homère, ravi des premiers et immortels accents de la Muse de l'Épopée, bientôt après un disciple de Socrate, heureux de le suivre, en compagnie du rhapsode Ion, dans les détours de sa pensée, et guère plus pressé que lui d'arriver à des conclusions définitives. L'ami, ou pour plus de précision, le collègue que je n'attendais pas ce jour-là, bien qu'il passe le temps des vacances à courir le monde, et qu'il soit par tempérament aussi nomade que je suis parfois casanier, voulut savoir, les premiers propos échangés, quel livre je tenais à la main et à quelle lecture je sacrifiais le doux plaisir de ne

[1] Bar-le-Duc a sa Ville haute et sa Ville basse, celle-ci plus moderne.

penser à rien et de jouir paresseusement d'une belle matinée de septembre.

— L'Ion ! s'écria-t-il, l'Ion ! Je l'ai lu jadis plusieurs fois, dans le texte même, — mon collègue est, sans qu'il s'en vante, un helléniste comme ils se font de plus en plus rares, — mais le seul souvenir qui m'en reste à l'heure présente, c'est qu'Ion, le rhapsode, l'interprète inspiré, aimé, admiré d'Homère, est attaché, malgré la distance des siècles, à son poète préféré par un attrait qu'il ne s'explique point. Incapable de dire avec tant soit peu de verve et de succès les plus beaux vers d'Eschyle, de Sophocle, de Pindare, il s'anime, il s'enflamme, quand il récite ceux d'Homère, au point d'animer, de transporter tous ceux qui l'entendent. Les voilà bientôt tous, auditeurs et rhapsode, ravis, possédés, le mot n'est que juste, par leur poète, comme le poète lui-même est possédé par la Muse dont il dépend. A vrai dire aucun d'eux ne s'appartient plus ; ils appartiennent au dieu qui descend en eux, opère en eux, leur fait dire ce qu'ils disent, sentir ce qu'ils sentent. *L'enthousiasme* n'est pas autre chose : c'est un Dieu en nous, l'étymologie l'indique, et ceux qu'il inspire, poètes, artistes, orateurs sont, tout le temps qu'il les inspire, des hommes divins.

Est-ce bien la pensée de Socrate, ou, pour mieux

dire, celle de Platon, et ma mémoire m'a-t-elle bien servi ?

— A merveille, autant que j'en puis juger, car j'en étais à peine au tiers du dialogue, mais il s'achemine aux choses que vous dites.

— Et qui doivent, n'est-il pas vrai, vous paraître aussi exactes qu'elles demeurent, pour moi du moins, inexplicables. J'ajoute que, de nos jours, elles sont encore telles qu'au temps d'Ion, de Socrate et même d'Homère. C'est incroyable ce qu'il y a d'inconnu, d'inconscient, voire de mystérieux, dans la création d'une œuvre belle et dans les sentiments qu'elle inspire à ceux qui, simples spectateurs, auditeurs, lecteurs, en jouissent sans l'avoir faite. Tout récemment encore j'en ai eu la preuve, une preuve que vous ne récuserez pas, dans un milieu que vous connaissez, à deux pas de Grenoble, dans des circonstances qui n'avaient rien pourtant d'extraordinaire. Le fait date de quelques semaines ; il est encore, dans tous ses détails, présent à ma mémoire. Souffrez que je vous le raconte : ce sera, il est vrai, le commentaire avant la lettre, puisque vous commenciez seulement à relire l'Ion, mais le texte, je l'espère, ne protestera pas, et s'il dit infiniment mieux que moi, il ne dira pas autre chose.

— Je vous entendrai, je vous écoute déjà, m'empressai-je de répondre, avec le plus grand plaisir.

Et à mon tour, pour la commodité du lecteur, et pour que la marche du récit n'en soit pas ralentie, je supprimerai toutes les réflexions dont il m'arriva de le couper de temps à autre, comme aussi les *dis-je, me dit-il,* par lesquels mon collègue faisait entendre qui de lui ou d'Ernest Hébert, — car c'est l'ancien Directeur de notre Académie de Rome qui va entrer en scène, — avait alors la parole.

— « Je commence donc :

La fille aînée de notre ancien et regretté collègue, M. S..., a toujours eu, vous ne l'ignorez pas, un goût très vif pour la peinture. C'est en elle comme une vocation, tout au moins un attrait qui s'est fait sentir de bonne heure et qui n'a pas cessé de s'accroître. Par malheur, si elle travaille beaucoup elle travaille presque seule, et les leçons qui lui ont été données, les conseils qu'elle a reçus, mais toujours en passant, à Florence, à Paris, ne sont pas, pour un art aussi difficile, une préparation suffisante. Elle le sait et elle en souffre. Deux fois j'ai pu, dans sa villa de La Tronche[1]

[1] Village voisin de Grenoble dont il est comme le faubourg.

où il a passé tout l'hiver dernier, la présenter à notre illustre compatriote, Ernest Hébert. Avec beaucoup de bonté, et une clarté, une précision que moi profane j'admirais, le Maître lui a donné des conseils dont elle profitera [1], et il lui a fait, pourrait-on dire, toucher du doigt, à côté de qualités très réelles sur lesquelles il n'insistait pas, les imperfections de deux portraits d'enfants qu'elle avait apportés et qu'elle lui soumettait. Sobre, très sobre d'appréciations sur le talent réel ou présumé de leur auteur il s'était borné à lui dire, lors de la seconde visite : « Je ne vous ferais pas ces critiques, et je me bornerais à quelque banal éloge, si je ne croyais que vous méritez mieux. » C'est tout ce que nous en pûmes obtenir : plus tard seulement je compris les raisons de cette extrême réserve. J'en voulais pourtant savoir davantage, et quand, vers la fin du mois de Mai, on nous annonça le prochain départ du Maître pour Paris, je me rendis seul à La Tronche, avec le dessein de joindre à mes remerciements et à mes adieux une question cette fois très directe sur l'avenir probable de la jeune artiste.

Je n'eus pas besoin de la poser ; on eût dit

[1] C'est chose faite, comme en témoignent les dernières et remarquables œuvres de la jeune artiste.

qu'Ernest Hébert avait deviné mon désir, car au bout de quelques instants :

« Et Mademoiselle S. que devient-elle ? A-t-elle toujours la même application, la même ardeur? C'est qu'il faut, voyez-vous, du temps, du travail, beaucoup de temps, beaucoup de travail, pour parvenir, dans notre art, à quelques résultats. A dire la vérité, la vérité vraie, l'étude chez nous c'est presque tout. Elle doit durer autant que la vie, mais les premières années sont les plus pénibles, les plus laborieuses. Ah ! la douloureuse existence de ceux qui s'engagent dans cette carrière avec des ressources médiocres, parfois même tout à fait insuffisantes ! Quelles privations il leur faut subir ! A quels accès de découragement ils sont exposés ! C'est trop tard qu'ils s'aperçoivent de leur erreur: ils ont dépensé, pour un maigre profit, avec leur petit avoir, les plus belles années de leur vie ! »

Impossible de se méprendre au sens de ces paroles : elles me découvraient la pensée du Maître et son exquise délicatesse. Ne sachant pas de quels moyens disposait Mademoiselle S., et ce que sa famille pouvait ou voulait faire pour elle, il aurait craint sans doute, en accordant à ses premiers essais un éloge même sincère et mérité, de lui rendre un très mauvais service, et de la condamner, durant de longues années d'apprentissage, à une vie de sacrifices et de privations. J'aurais pu, d'un mot, le rassurer et lui prouver que ses craintes n'avaient par bonheur aucun fondement ; je remis la chose à plus tard, et préférai revenir, au moins quelques instants, sur cette question de la part du labeur dans l'art, pour m'assurer s'il n'avait pas, dans une intention que je comprenais maintenant autant que je la louais, forcé l'expression de sa pensée. Il n'en était rien, et au lieu de l'atténuer, comme je m'y attendais un peu, il parut d'abord l'aggraver par des affirmations plus précises. Je n'en revenais pas de l'entendre faire la part de l'exercice, des procédés, de la technique, si large, j'allais dire si démesurée, qu'elle semblait devoir être à elle seule l'art tout entier.

J'admettais bien sans doute que la Nature ayant son mécanisme à elle, très simple en ses grandes lois, infiniment varié dans leurs applications, l'art dût avoir le sien encore plus compliqué, s'il est possible, car il faut l'adapter à celui de la Nature, dérober à celle-ci tout ce qu'elle veut bien se laisser ravir, y joindre, pour mieux l'imiter, et qui sait, la dépasser, mille artifices qu'elle ne connait pas, savoir à son exemple dans la peinture, adoucir, ménager ou répandre largement la lumière, user des couleurs comme elle en use, — c'est tout dire, — pour procurer à l'âme les plaisirs les plus délicats, les joies les plus vives, et tant de choses que j'ignore ou ne fais qu'entrevoir. Mais enfin le mécanisme eût-il, ce que je ne conteste pas, sa grandeur et même sa beauté propre, le mécanisme n'est jamais que le moyen, l'instrument au service de la pensée. C'est l'esprit qui le met en branle, c'est l'âme qui le dirige selon sa nature à elle et ses desseins. Ernest Hébert, s'il était philosophe de profession, n'enseignerait point que le mécanisme de l'univers est à lui-même sa loi, son moteur premier, son principe, qu'il se donne des inspirations, qu'il conçoit des plans et les réalise : il a trop de bon sens pour cela. Évidemment il y a là une équivoque et certain malentendu qui ne tardera pas à se dissiper.

Ce n'est pas au salon qu'avait commencé l'entretien, mais dans le parc, sur les bords d'un lac en miniature entouré d'arbres de tous les âges et de toutes les essences, dont les rameaux à peine émus par une brise légère donnaient aux eaux paisibles où ils se reflétaient l'apparence d'une agitation dont celles-ci n'étaient pas capables. En face de nous, d'un mouvement timide, les tiges flexibles de je ne sais quels arbustes bien feuillés inclinaient vers elles leurs fleurs d'un blanc de neige, mais se redressaient toujours au moment de les y plonger. C'est le tableau simple et gracieux que le Maître commençait à reproduire sur une toile de dimension assez réduite et dont j'avais sous les yeux la première ébauche. Madame Hébert avait désiré pour son salon de Paris ce souvenir d'un séjour de six mois à la villa de La Tronche, et son mari s'empressait de la satisfaire. Le jour du départ approchant, il n'y avait plus une heure à perdre, et il était naturel qu'on me reçût dans cet atelier improvisé plutôt qu'au salon. Je dirai même que cet accueil me plaisait singulièrement dans son amicale familiarité, car au plaisir de la conversation qui n'y perdit rien se joignait pour moi celui de voir l'artiste à l'œuvre, et de saisir au passage quelques traits de sa méthode.

Peu à peu, sous mes yeux, ce qui n'était d'abord qu'une esquisse où les objets se distinguaient tout juste les uns des autres, prit des formes plus accusées, et les petits coups de pinceau se succédant, se multipliant avec une justesse, un à-propos merveilleux, l'air, la lumière commencèrent à se répandre, arbres, fleurs, buissons naissant les uns après les autres à la vie, à la beauté. A la vue de ces transformations que d'autres allaient suivre :

— Maître, je voudrais vous croire sur parole, mais voilà qui n'est guère d'accord avec vos principes. Je vois bien sans doute, dans ce que vous faites en ce moment, sous mes yeux, la part de l'étude, celle de la science, celle d'une longue expérience, mais je découvre aussi quelque chose qui les dépasse, l'art lui-même. Croyez-vous qu'à science égale, à expérience égale, un autre que vous qui n'aurait ni votre talent, ni un vrai talent, me ferait voir dans cette petite scène rustique, autre chose que des arbres bien dessinés, des fleurs d'une blancheur impeccable, une eau suffisamment transparente, en un mot la Nature, moins ce qui fait le charme de la Nature.

— Il est possible ; mais sauriez-vous me dire au juste, et entre nous, ce que c'est que le talent ?

— Que ce soit ici le mot propre, ou que nous le remplacions, suivant les œuvres et les hommes, par inspiration, génie, sentiment de la Nature, sens de l'idéal, toujours est-il qu'il y a quelque chose en nous dont le nom et le degré peuvent varier, mais qui domine la science, va plus loin que l'expérience, vivifie les procédés, dirige votre main, quelque chose qui vous fait saisir, sentir, exprimer, en ce moment même, à la vue de cette eau, de ces arbustes, de ces fleurs, ce qui dépasse, permettez-moi d'employer ce mot, le matériel et même la géométrie de la Nature.

— Soit, soit, j'y consens ; mais ce quelque chose là pouvez-vous m'en rendre un compte exact, le définir ?

— Ce quelque chose, cher Maître, fait, depuis

des siècles, le tourment des philosophes les plus savants comme les plus profonds; il échappe dans ce qu'il a de plus intime aux plus fines analyses. On en a donné des explications en nombre infini, mais une définition comme vous semblez la désirer, jamais.

— Mais au moins me définirez-vous ce que vous nommiez tout à l'heure le charme de la Nature ?

— Vous le sentez trop bien et vous le faites, dans vos œuvres, trop bien sentir jusque dans ses nuances les plus délicates, pour que la pensée me vienne jamais de vous en instruire.

— Peut-être, en effet, que vous n'y réussiriez pas, et que les plus habiles, ceux qui se croient les plus pénétrants, y échoueraient comme nous. Mais n'est-ce pas, dites-moi, un fait bien étrange que, dans l'art, et peut-être encore ailleurs, c'est ce que nous sentons le plus vivement dont nous pouvons moins aisément rendre compte. On m'accorde du talent, et je ne sais pas au juste ce que c'est que le talent. Je suis plus sensible peut-être que beaucoup d'autres au charme de la Nature, et ce charme dont le sentiment me pénètre parfois au point de me ravir, je ne puis le définir, ni savoir d'où il vient, ni ce qu'il ajoute à la réalité des choses, pourquoi d'autres que moi le sentent si peu ou ne le sentent point, ni surtout comment mon pinceau le fait passer de mon âme sur la toile. Les règles, les procédés n'y suffiraient pas, j'en suis d'accord avec vous. Il y faut un je ne sais quoi dont j'aurais tort de m'enorgueillir, car il ne vient pas de moi, je ne l'ai pas mis en moi ; et quand je veux savoir comment il opère, le saisir sur le fait, l'analyser dans son procédé à lui, le voilà qui se dérobe et qui m'échappe. Partout, dans cette région supérieure à celle de la matière et de ses lois, partout l'inconnu, le mystère.

Et vous croyez qu'on n'est pas tenté, en présence de ces obscurités, de ces ignorances invincibles, quand se dresse devant vous un obstacle infranchissable, de se rejeter vers ce qu'on voit et ce qu'on sait de science certaine, vers les procédés d'ailleurs si nécessaires, si pleins de ressources, en un mot vers la pratique de l'art. Et pourtant.....

— Et pourtant, — permettez, Maître, que j'achève votre pensée, — et pourtant l'idéal que vous aimez, que vous poursuivez, je le sais, avec autant d'amour que de constance, cet idéal qui s'ajoute au pur sensible, — j'en ai la preuve sous les yeux, — pour lui donner ce qu'il n'a pas, à l'expression, pour lui prêter une vie, une vérité où elle n'atteindrait point sans lui, on voudrait, à tout prix, savoir ce qu'il est, quelle est sa source, par quelles voies secrètes, — la plume, le ciseau, le pinceau n'étant que ses grossiers instruments, — il s'incarne dans la matière par la puissance de l'art et la fait resplendir !

— Assurément on voudrait le savoir, mais plus on réfléchit, plus on s'y perd, plus le mystère devient impénétrable. Et d'abord l'Idéal est un, parfaitement un, personne n'en a jamais douté, et toutefois il y en a plusieurs. Pouvez-vous me dire comment cela se fait ?

— Je ne l'essaierai pas, Maître.

— Chaque peintre, — je parle surtout de ce que je sais, de ce que je vois tous les jours, — a le sien qui tantôt l'inspire et tantôt l'abandonne, sans qu'on s'explique pour quelles causes et de quelle manière. L'idéal de l'art antique n'est pas celui de l'art chrétien. Le premier a dit son dernier mot, le second, nous en sommes convenus certain jour, vous vous le rappelez peut-être, ne dira jamais le sien. L'idéal d'une École diffère sensiblement de celui d'une autre École, bien que, dans chacune d'elles, l'idéal que je nommerai pour une fois l'Idéal supérieur, primitif, demeure absolument le même et manifeste sa présence par les mêmes caractères. Il y a mieux : l'idéal dont s'inspire un artiste, — c'est toujours de peinture que je parle, — peut changer plusieurs fois dans le cours d'une vie un peu longue, sans cesser d'être pour cela l'Idéal.

— Sans compter, Maître, qu'à travers ces changements, et si grand qu'en soit le nombre, un peintre de talent a toujours son idéal préféré, avec lequel il entretient un commerce plus intime et plus constant. Et voilà qu'à son tour, celui-ci se partage, sans rien perdre de son unité, et qu'il nous dévoile sa richesse par des œuvres d'une inspiration à la fois identique et différente. N'est-ce pas la même Vierge, mère du Sauveur, que vous aimez, que vous excellez à nous représenter sous l'influence d'une inspiration qui devrait, ce semble, ne point varier ; et pourtant en est-il deux seulement [1] de ces Vierges admirables qui procèdent exactement du même idéal, et qui produisent les mêmes impressions dans l'âme de ceux qui les contemplent ?

Que de formes, que de variétés dans cet Idéal d'une si parfaite unité, qu'au moment même où nous en parlons, le voilà qui commence à m'apparaître et à s'emparer de mon âme dans ce petit tableau d'un tout petit coin de la Nature, comme il m'est apparu et comme il m'a charmé dans vos plus grandes, vos plus belles œuvres, et dans celles des Maîtres les plus illustres. La diversité

[1] Témoin celle que M. Ernest Hébert venait alors de peindre, sous l'inspiration de ces paroles du *Salve regina : illos tuos misericordes oculos ad nos converte.*

de la matière et des moyens employés, celle des chefs-d'œuvre n'y font rien : le sentiment que fait naître en nous la présence de l'Idéal ne change point, et, s'il a des degrés, du moins garde-t-il ce caractère essentiel, immuable, d'élever notre âme au-dessus des choses sensibles, au-dessus d'elle-même, d'y faire régner, avec la paix, une joie toute spirituelle, et si j'osais dire, à la vue ou à l'audition de certaines œuvres, une joie divine.

— Osez, osez, ne craignez point : oui, tout cela est divin, c'est-à-dire pour moi insondable, infini, impénétrable ; oui, c'est plus que l'inconnu, c'est le mystère. L'inconnu, je suis assuré qu'il a une limite, une fin, et cette fin, il m'arrive souvent de la découvrir et d'y atteindre. Tout ce qui, dans l'art, relève du métier, est connu ou le sera quelque jour dans ce qu'il a de plus spécial, de plus raffiné, de plus caché : on peut, on doit l'apprendre à force de travail. Ce travail, j'y tiens, vous le savez, et je n'ai pas changé d'avis sur ce point. C'est chez nous l'alpha et l'oméga : je l'entends dans ce sens qu'il a commencé avec la première heure d'apprentissage et qu'il ne doit finir qu'avec la vie. Mais aucun peintre, aucun artiste, si bien inspiré, si bien doué qu'il soit par la nature, fût-il Phidias, Raphaël, Michel-Ange, Beethoven, Millet, Gounod, ne fera jamais qu'effleurer le mystère, il n'y entrera pas, et même, s'il est sage, il craindra de le sonder. Les plus hardis sont, en sa présence, comme l'œil de l'homme en face du soleil. Qu'il se contente de jouir de sa lumière : il s'aveuglerait à vouloir le fixer. Voulez-vous que je vous dise toute ma pensée ?

— Dites, Maître.

— Eh bien, ma conviction s'affermit de jour en jour que si l'art chrétien est supérieur à l'art antique, il le doit surtout à ce qu'il reconnait des mystères auxquels il demande ses inspirations les plus heureuses, les plus sublimes, et qu'il y puise sans cesse avec la conviction qu'il n'a pas à craindre de les épuiser.

De pures, de vives lumières et des mystères sans fond, c'est-à-dire une autre sorte de lumière, celle-là indéfinissable, voilà la double source de l'art chrétien.

— Ce sont aussi, interrompis-je, les caractères de la vraie religion, ceux qu'elle ne partage avec aucune autre, peut-être encore ceux de la vraie philosophie.

Le Maître reprit :

— L'art antique a fait à l'image de l'homme ses héros et ses dieux. C'était renverser l'ordre, l'homme ayant reçu de Dieu et tenant de lui seul ces vestiges d'unité, de grandeur, d'indépendance, de vérité, de beauté, que l'art s'efforce de faire apparaître et de fixer dans la matière. Aussi les poètes avaient beau l'inspirer, les philosophes, Socrate, Platon, l'éclairer, sa perfection est demeurée celle dont l'homme purement homme, livré à ses seules forces, brillant de sa seule beauté, est capable. Le divin n'y est qu'indirectement, en reflet, le mystère n'y est pas. Il n'a pas eu de jours sur ce monde invisible, infini, où le christianisme nous a introduits et dont il nous découvre sans cesse des aspects nouveaux, sans qu'aucun d'eux se livre tout entier et nous livre le secret de l'immensité, de l'éternité, de la parfaite beauté. Le domaine de l'art a doublé, c'est trop peu dire, il n'a plus de limites, puisque l'infini n'en a point, et que nous pouvons jusque dans les horizons fuyants d'un paysage, à plus forte raison dans l'expression d'un visage humain le faire pressentir, lui dérober quelqu'un de ses traits . . . . »

J'ai fait jusqu'ici, comme il était convenu, grâce au lecteur des réflexions semées çà et là le long de ce récit; mais voilà qu'au moment où il m'intéressait plus vivement une interruption l'arrêta court, contre laquelle je ne pouvais absolument rien. Une musique militaire venait d'éclater en accords soudains au point très rapproché de nous où la route de Vitry se transforme, à l'entrée de la ville, en une belle et large avenue. J'expliquai à mon voyageur qu'absent depuis trois semaines le régiment d'infanterie qui tient garnison à Bar-le-Duc venait d'y rentrer, et qu'il célébrait son retour par les harmonies les plus joyeuses et les plus patriotiques.

— Encore un mystère, se borna-t-il à me répondre, un mystère de tous les jours et qui n'en est pas, pour cela, plus compréhensible. Ces musiciens, artistes pour la plupart fort ordinaires, vous en conviendrez, connaissent-ils d'une connaissance tant soit peu intelligente la langue qu'ils parlent ; et ces soldats dont ils raniment le courage, qui oubliant la fatigue d'une longue marche les suivent d'un pied plus léger, en savent-ils davantage? A leur tour les bons bourgeois qui, sur le pas de leurs portes, les entendent avec émotion, les enfants qui suivent en courant musiciens et soldats, et dont les jeunes âmes s'enflamment, frémissent aux sons, comme eût dit Casimir Delavigne, de *la trompette guerrière ;* tous ensemble, musiciens, soldats, enfants, bourgeois savent-ils pourquoi, comment, cette langue aussi expressive que mystérieuse parle à leur âme par des sons infiniment moins clairs, moins précis, et toutefois plus éloquents que les plus beaux discours ? Et l'auteur lui-même de cette marche entraînante, fort instruit sans doute du mécanisme et des règles de son art, pourrait-il nous dire, si nous l'interrogions, de quelle source lui est venue son inspiration, comment elle est allée de son âme dans une langue qu'il parle, lui aussi, sans la connaître dans les causes de sa puissance et de sa fécondité ?

— A peu près, ajoutai-je, comme les mathématiciens connaissent *la quantité, les nombres*, comme les géomètres connaissent *l'étendue*, les physiciens, les chimistes *les atomes*, les philosophes *la substance* et le fond de toutes choses.

En attendant, les voilà tous, militaires, civils, hommes faits et enfants, charmés, entraînés par les sons de cette musique guerrière, comme les auditeurs d'Ion étaient suspendus aux lèvres du chantre harmonieux d'Homère.

— La comparaison, reprit mon collègue, mélomane aussi passionné qu'il est parfait helléniste, cloche bien un peu (c'est le sort commun de toutes les comparaisons), mais comme elle se redresse, comme elle devient exacte, si on l'applique à ces fêtes de Bayreuth auxquelles je regretterai toujours de n'avoir pu m'associer qu'une seule fois ; mais, vous le savez, nous ne sommes pas libres de notre temps. C'est de nous alors qu'on aurait pu dire, en toute vérité, que nous ne nous possédions plus, que nous appartenions tout entiers, corps et âme, au Maître inspiré, comme il appartenait lui-même faut-il dire à sa Muse, ainsi qu'Ion et les auditeurs d'Ion appartenaient à Homère et Homère à la Muse de l'Épopée.... Mais non : parlons plutôt en chrétiens que nous sommes, et disons que remués jusqu'au fond de l'âme par ces harmonies inaccoutumées, troublantes, parfois sublimes, nous appartenions au Maître qui les avait créées, comme lui-même il appartenait à son idéal, et son idéal.....

— A Dieu : — permettez-moi d'achever votre pensée, car je connais vos sentiments en parfait accord avec les miens, — à Dieu, Idéal suprême, source unique et mystérieuse de tout idéal, de tout bien, de toute beauté.

Mais pourriez-vous m'apprendre, vous le sincère admirateur du Maître allemand, pourquoi Wagner d'abord, pourquoi notre illustre et infortuné Berlioz, pourquoi tant d'autres artistes de génie, musiciens, peintres même ont été si longtemps discutés, incompris, en butte aux doutes les plus pénibles, aux contradictions les plus amères, les plus violentes ? Pourquoi leurs chefs-d'œuvre n'ont-ils recueilli qu'après une longue attente les applaudissements, l'universelle admiration à laquelle ils auraient eu droit dès les premiers jours ?

— Peut-être devrais-je vous dire que je n'en sais rien, et cette réponse, si elle n'était pas en l'honneur de ma pénétration, ferait du moins l'éloge de ma sincérité. Voulez-vous toutefois, en attendant mieux, une explication provisoire ?

— De grand cœur.

— La voici en deux mots. Si l'être de Dieu est insondable, si tout ce que l'univers physique nous découvre sur la terre et dans les espaces célestes, d'ordre, d'unité, de grandeur, de liberté, de beauté, enrichit et élève sans cesse l'idée que nous donne de Lui notre raison, nous fait pénétrer un peu plus avant dans le mystère de ses ineffables attributs, pourquoi l'âme humaine faite à son image n'aurait-elle pas, elle aussi, des puissances encore cachées, de secrètes retraites encore inconnues, des profondeurs inexplorées dont les hommes de génie.....

— J'entends, je devine, j'approuve, — seraient, dans la suite des siècles, les hardis, les heureux révélateurs : les uns venus à l'instant favorable, proclamés aussitôt des hommes divins, les autres d'un caractère moins sympathique ou d'un génie trop radicalement novateur, repoussés, méprisés, traités de fous, en attendant que vienne l'heure de les comprendre et de les élever jusqu'aux nues.

Mais nous y reviendrons un peu plus tard, car

votre explication a bien encore quelques points obscurs : elle est d'ailleurs trop sommaire. Pour le moment il convient de nous rappeler que l'homme ne vit pas seulement d'idéal. Pardonnez-moi de n'y pas avoir songé plus tôt, mais l'intérêt de votre récit en est bien un peu la cause.

APPENDICE

Ami, l'art vrai n'est pas, quoique la foule en dise,
Un jouet qu'on reprenne ou qu'on quitte à sa guise.
Il veut, pour accomplir ses travaux glorieux,
De forts lutteurs toujours pensifs et sérieux,
Qui chérissent le Beau d'une immense tendresse.

Quand un prêtre fervent dit sa première messe,
Il pâlit, sa main tremble en répandant le vin
Dont sa timide voix va faire un sang divin,
Et la sainte liqueur déborde du calice.
Tel, mon ami, je veux que ta face pâlisse.
Et que tout ton corps tremble, et qu'au fond de ton cœur
Tu sentes déborder l'excès de ton bonheur,
Chaque fois que tes yeux s'ouvrent sur un chef-d'œuvre.

L'habileté des mains change l'homme en manœuvre,
S'il n'y joint pas le feu dont était transporté
Le grand Vinci devant la suprême Beauté,
Lui qu'à Milan l'on vit courir en pleine rue,
Comme un fou, les regards ardents, la tête nue,
Pour ajouter au Christ de son Cenacolo
Une ligne laissée en blanc sur le tableau,
Qui venait, du milieu des choses de la vie,
D'apparaître soudain à son âme ravie.

Paul Bourget.

V

LA VÉNUS DE MILO

V

LA VÉNUS DE MILO

22 octobre 1887

Le lecteur indulgent et intelligent voudra bien ne pas oublier que M. M. R., aujourd'hui Docteur en droit et Docteur ès-lettres, professeur à l'Université impériale de Tokio, Économiste, Écrivain, — je n'ajoute aucune épithète, pour ne pas blesser sa modestie, — n'était, à la date de ce récit, qu'un tout jeune étudiant en philosophie et en droit à l'Université de Grenoble.

— M. R. Tenez, lisez, et convenez que le hasard dont on dit tant de mal a parfois d'heureuses rencontres. Nous nous rendons ensemble à cette heure matinale au Musée du Louvre où vous conduit, mon cher Maître, le pur attrait des belles œuvres contemplées dans la solitude et le silence, moi la simple curiosité, peut-être aussi un commencement, mais rien qu'un commencement de l'amour des beaux tableaux, des belles statues, et voilà qu'en ouvrant le *Petit Journal*, numéro de ce matin, 22 octobre 1887, je viens de lire, à ma grande surprise, et vous lisez à votre tour.....

— Un article fort intéressant, je l'avoue, et fort bien fait : *La Vénus de Milo*[1], auquel je n'adresse qu'un reproche, celui d'être, à mon gré, trop court. Mais permettez que j'achève.....

— M. R. Prenez votre temps, ne vous pressez point : il n'y a pas une ligne à passer.

— Ce Monsieur Karl Hasse, professeur à Breslau, a vraiment d'étranges prétentions, et l'auteur de l'article le lui fait bien voir, non sans une pointe d'ironie. Mais aussi pourquoi nous découvrir des choses connues de toute éternité ! Pourquoi s'aviser de nous apprendre, à la suite d'un mesurage fait vingt fois déjà, et qu'on n'a épargné

[1] C'est Dumont d'Urville qui rapporta en France la célèbre statue découverte en 1820, dans l'île de Milo, par un paysan grec, propriétaire d'un petit domaine où elle était enfouie depuis des siècles.

depuis le seizième siècle à aucune statue, à aucune œuvre des Anciens, que la symétrie complète, absolue, entre les éléments semblables du corps humain n'existe pas, et que l'art, l'art vrai bien entendu, se garde de l'y mettre ! Relisez-moi, je vous prie, mon ami, ces observations soi-disant nouvelles.

— M. R. Les voici :

« Le profil droit et le profil gauche de la tête n'ont pas les mêmes proportions. La bouche, les lèvres et le menton sont toutefois strictement semblables.

« Mais tout le reste de la tête est irrégulier. Ainsi l'oreille gauche est située plus haut que l'oreille droite ; la moitié gauche du crâne est plus large que l'autre.

« En outre apparaît une grande irrégularité dans les yeux, si importants pour l'expression vivante qu'ils donnent à toute la tête ; l'œil gauche est plus haut que le droit et plus rapproché que celui ci de la ligne médiane. »

Ce qui suit n'est plus de M. Karl Hasse, mais de l'auteur même de l'article. Des comparaisons très nombreuses auraient démontré au professeur de Breslau que, le plus souvent, les deux profils de la tête humaine présentent les irrégularités constatées par lui chez la Vénus de Milo. Autrement dit le statuaire grec aurait exécuté son œuvre rigoureusement d'après nature. Mais, dites-moi, n'est-ce pas là une de ces découvertes vieilles comme le monde, je veux dire comme l'art ? Est-ce que les artistes ont jamais eu la prétention de se passer de la nature ?

— Pas que je sache, mon ami : en tout cas l'entreprise leur aurait fort mal réussi.

— M. R. Après tout je me soucie peu de savoir ce que les artistes font ou ne font pas, et dans quelle mesure, avec quels changements, quelles améliorations même ils imitent la nature. Ce qui m'intéresse en cette question, moi philosophe en herbe, et bien plus que les propos inconsidérés de M. Karl Hasse ou la verte réplique de son adversaire, c'est ce que j'appelle son côté philosophique. L'association des idées et de beaucoup d'autres choses, cette faculté dont nous avons traité plusieurs fois sous votre direction, à la conférence de philosophie, fait présentement dans mon cerveau son œuvre ordinaire.

— Et très rapidement, je n'en doute pas, comme c'est la nature de votre esprit.

— M. R. Elle me conduit droit à cette pensée que la dissymétrie, — le mot est-il autorisé par l'Académie, je l'ignore, mais rien n'empêche de l'adopter à titre provisoire, — serait la correction, l'atténuation de cette symétrie que nous croyons, à première vue, découvrir dans les choses, mais dont la trop parfaite régularité finirait par nous déplaire au lieu de nous agréer. Transportez dans la politique, ou plutôt dans la police qui en est parfois si voisine, cette loi de la symétrie dissymétrique, et Caussidière affirmera, non sans raison, *qu'il fait de l'ordre avec le désordre.* Heureusement nous avons pour les Arts, pour les Lettres, éloquence, poésie et la suite, une autorité plus considérable que celle du Préfet de police de 1848, l'autorité de Boileau lui-même, quand il dit :

Souvent un beau désordre est un effet de l'art.

— Peut-être cette loi, votre loi, mon cher élève, a-t-elle encore d'autres applications.... Mais nous voici parvenus au terme de notre course. Quoi ! Déjà, le Musée à peine ouvert, tant de visiteurs, et dans une salle où d'habitude on ne fait que passer, où l'on s'arrête assez rarement !

— M. R. Ces visiteurs si nombreux se réduisent, autant que je puis voir, à un groupe de quatre ou cinq personnes, au milieu desquelles parle avec beaucoup d'animation, à la façon d'un avocat très désireux de les persuader, un homme assez âgé, mince, de grande taille, aux traits accentués et distingués, à la figure expressive.....

— M. Ravaisson, en dois-je croire mes yeux, oui M. Félix Ravaisson lui-même ! Aurait-il donc lu comme nous le *Petit Journal* de ce matin ? Il est peu probable. Mais certainement, il connaît la dissertation de M. Hasse, et il défend son bien, ce chef-d'œuvre de l'art antique dont il est épris, sa chère Vénus de Milo.

— M. R. Mais devant quels auditeurs, je vous prie ?

— A vrai dire, mon ami, je n'en connais pas un seul.

— M. R. Eh bien ! moi qui ne les ai jamais vus, je suis assuré de les connaître, et si je ne puis vous les désigner par leurs noms, j'affirme pourtant que ce sont des membres de l'Institut, section des Beaux-Arts. Voyez comme ils paraissent attentifs et vivement touchés des choses qu'on leur dit. D'ailleurs ils portent tous à la boutonnière la rosette d'officier de la Légion d'honneur. La preuve est décisive.

— Pas autant, à mon avis, que vous semblez croire. On peut être officier de la Légion d'honneur, sans appartenir à l'Académie des Beaux-Arts, et plusieurs de ses membres ne sont pas même, on l'assure, simples chevaliers. Mais ce serait pour moi une question très secondaire que celle de leurs titres honorifiques, si je pouvais les entendre et assister en simple témoin, sans y prendre part, à cette conversation dont l'intérêt semble aller grandissant, à en juger par l'animation de M. Ravaisson et de ses amis. Il est vrai que la chose en vaut la peine, qu'on s'est attaqué à ce qu'il prise par-dessus tout dans le domaine de l'art antique, et qu'à cette question soulevée par le professeur de Breslau se rattachent une foule d'autres questions très importantes. — Mais où est donc mon élève ? Où s'est-il envolé ?

— M. R. Il vous revient, marri d'avoir inutilement erré autour de ses nouvelles connaissances, Messieurs les membres de l'Institut, pour recueillir quelques parcelles de leur conversation. C'est bien, en effet, de la Vénus de Milo qu'ils s'entretiennent, tout en se rapprochant, je ne sais pourquoi, du groupe de Laocoon : mais de leurs discours même je n'ai rien entendu, rien saisi, sinon le mot *expression*, *l'expression*, et encore *l'expression* qu'ils ont prononcé à plusieurs reprises, et qui sans doute les préoccupe plus que tout le reste.

— J'en devine les raisons ; mais éloignons-nous, craignons de paraître indiscrets. Cette salle est assez vaste, pour que nous puissions, tout en allant et venant, nous y entretenir à l'aise, à une distance suffisante de M. Ravaisson et des personnes qui l'entourent. Le regret pourtant est pour moi bien vif de ne pouvoir l'ouïr en un sujet pareil, où son âme d'Athénien contemporain de Phidias, éprise de l'art et de ses chefs-d'œuvre, de Platonicien quand il en découvre et qu'il en analyse les plus secrètes beautés, doit se répandre en discours d'une philosophie profonde et d'une persuasive éloquence. Mais il est des sacrifices qu'il faut savoir faire.

— M. R. Moi, je ne les ferais pas, et, à votre place, je m'inquiéterais peu de troubler une conversation qui saurait d'ailleurs, et sans peine, retrouver bientôt son objet : mais chacun suit son caractère. Le mien me porte, pour l'heure, à la recherche des causes, et, par suite, aux questions que suivent sans fin d'autres questions ? Qu'entendent-ils, croyez-vous, par *l'expression ?* Serait-ce celle dont M. Cousin a dit, dans son livre *du Vrai, du Beau, du Bien,* qu'elle est *la qualité suprême de toute œuvre d'art,* la loi générale de l'art ? Il ajoute, je ne crois pas me tromper, un peu plus loin : *l'expression est essentiellement idéale.*

Voilà qui est d'un bon sentiment et qui ne laisse pas d'ailleurs de contenir en soi quelque peu de vérité. Et pourtant il m'est resté, je l'avoue, de cette lecture, — je l'ai faite à plusieurs reprises, — plutôt une impression agréable que des souvenirs précis. L'étude du Droit commence à me rendre exigeant, trop exigeant peut-être en fait de précision. Je réclame sans cesse des définitions, des définitions claires, parfaitement claires, et, à défaut de définitions, tout au moins quelques divisions bien tranchées.

Ai-je bonne mémoire, et n'avez-vous pas, un jour, dans une Leçon sur l'art et les œuvres d'art distingué trois choses et comme trois degrés : *le sensible, — l'expression, — l'idéal ?*

— Il m'en souvient, en effet.

— M. R. Le sensible que vous nommiez le *pur sensible* serait, n'est-il pas vrai, ce qui, dans l'œuvre d'art, flatte, caresse le sens et son organe, ouïe, vue, toucher même quand il s'agit de la sculpture, mais sans aller au delà. Dans cet état de douce quiétude pour les uns, de ravissement chez les autres, l'âme charmée par les formes, ou les couleurs, ou les sons, semble se concentrer tout entière dans les sens, et suspendre, pour un moment, l'exercice de ses fonctions les plus hautes. Elle se borne à jouir, sans se demander quelle est la cause de sa jouissance ; elle n'analyse pas, elle ne pense pas. Est-ce bien là ce que vous avez dit ?

— Continuez, je vous prie, continuez. J'ai plaisir à vous entendre, mais je ne me porte pas votre garant, au moins pour le détail, et pour les choses qu'il vous plaira sans doute d'ajouter à ma pensée.

— M. R. Avec *l'expression*, c'est un monde nouveau, immense, infiniment varié, qui se découvre à nous. L'âme n'est plus tout entière au plaisir plus ou moins délicat, plus ou moins vif de regarder ou d'entendre; elle entre en communication, on pourrait dire intime, avec l'âme de l'artiste, peintre, sculpteur, musicien, peu importe, qui le lui procure. Ce qu'il veut qu'elle sente, elle le sent; ce qu'il veut qu'elle comprenne, elle commence à le comprendre, et si son attention persévère, sans aller toutefois jusqu'à la fatigue, elle le sent, elle le comprend de mieux en mieux. Mais peut-il lui demander de sentir et de concevoir autre chose que ce que sent et conçoit l'artiste lui-même? N'est-ce pas ou bien son âme à lui qu'il nous découvre, ou l'âme d'autrui qu'il a, pour un temps, fait passer dans la sienne, dont il a enveloppé et revêtu la sienne, comme le font tous les jours les peintres, les poètes, les sculpteurs, les musiciens? Les plus grands d'entre eux ont eu parfois tant d'âmes diverses dans la courte durée d'une vie humaine, qu'on renonce à les compter.

— Je vois où vous en voulez venir, et je le devine d'autant mieux que vous traduisez jusqu'ici assez fidèlement ma pensée.

— M. R. Si nous sommes d'accord, et j'en suis heureux, en revanche je cesse,... nous cessons de l'être avec M. Cousin; mais pourquoi le regretter, si nous sommes plus que lui d'accord avec la vérité. Pour le chef des éclectiques, en effet, l'expression est essentiellement idéale, c'est-à-dire comme il l'explique, un reflet, parfois un rayon de l'infini, du parfait, pour tout dire, du monde divin. Par suite, et à moins de mettre le mal en Dieu, l'expression devrait, en toute œuvre d'art, en tout temps, sans la moindre défaillance, être pure, morale, conforme au bien, conduire au bien, provoquer les bonnes résolutions et les bonnes pensées. Mais alors que devient dans notre âme, dans l'âme de tous les hommes, ce côte à côte, ce conflit perpétuel du bien et du mal, des bonnes et des mauvaises inspirations, des nobles sentiments et des sentiments vulgaires, des désirs, des passions, des pensées qui vont dans tous les sens, et pas toujours, il s'en faut bien, à ce qu'il y a de meilleur? Que font-ils, dites-moi, de tout cela? Que deviennent dans la théorie de l'expression essentiellement idéale, c'est-à-dire, selon eux, divine, non seulement ce qu'on nomme à tort ou à raison les *belles horreurs*, mais dans le drame, par exemple, où il y a tant d'art, et quelquefois la perfection de l'art, les Agrippine, les Narcisse, les Néron, les Lady Macbeth, les Yago, les Athalie, les Aman, les Félix, tous ces prodiges d'audace, de crime, d'hypocrisie, de lâcheté? Cessent-ils d'être beaux, d'une beauté que je me borne à constater après tant d'autres, sans pouvoir m'en rendre compte, parce qu'ils expriment autre chose que le bien, et quelquefois même le mal dans toute sa scélératesse, dans toute sa profondeur?

Est-ce que la musique ne soulevait pas chez les Anciens, et sans doute ils n'étaient pas plus sensibles que nous, — on dirait, de nos jours, plus impressionnables, plus nerveux, — par d'irrésistibles appels, tantôt les passions les plus violentes et tantôt les plus généreuses? Est-ce qu'elle n'était pas, tour à tour, et dans les mêmes fêtes, l'aiguillon du vice ou celui de la vertu? Prétendrons-nous qu'excitant la colère, animant à la vengeance, éveillant les désirs coupables, elle manquait d'expression? Assurément non; mais c'est l'expression qui alors manquait d'idéal, qui avait rompu avec l'idéal.

— Le voilà enfin l'idéal que j'attendais avec impatience: nous y sommes arrivés, nous le tenons, nous ne le perdrons plus. Mais pourquoi, mon cher élève, dans cette question de l'expression tour à tour fidèle ou infidèle au bien, avoir demandé tous vos exemples à la poésie et à la musique? Pourquoi ne dites-vous rien de la peinture, de la sculpture?

— M. R. C'est sans doute parce qu'il y aurait trop à dire, et que nombre de questions secondaires se poseraient à leur occasion, toutes assurément fort intéressantes, mais dont nous n'avons que faire pour le moment. Il se peut aussi que, dans ces deux arts, et pour des raisons qui me reviendront sans doute à l'esprit, quand il ne sera plus temps de les dire, l'idéal soit plus souvent et plus intimement uni à l'expression, qu'il s'y incarne plus volontiers et avec plus de facilité. Très rares sont les toiles à bon droit citées et renommées où l'expression abonde, surabonde même, et où cependant, comme dans l'*Orgie romaine de Couture*, on chercherait en vain l'idéal. Combien d'autres auxquelles il a manqué seulement, pour prendre rang parmi les chefs-d'œuvre indiscutés, qu'un rayon de l'idéal, si faible soit-il, y eût ajouté sa pure et divine lumière à la lumière qui vient de l'âme humaine. L'expression y était pourtant, naturelle, vraie, forte, saisissante ; par malheur l'idéal n'y est pas.

— Mais si l'âme du spectateur, de l'auditeur, du lecteur même, en un mot de l'amant du beau y supplée, si elle est assez riche d'elle-même pour enrichir l'œuvre de l'artiste....

— M. R. Il faudrait pour cela qu'elle le fût beaucoup. Mais non : possédât-elle tous les trésors du monde, ils ne s'ouvriront pas, et il n'en sortira rien, si quelque faible appel de quelque faible reflet de l'idéal, — vous le voyez, je ne suis pas exigeant, — ne stimule sa générosité et ne la force à les répandre. Je n'oublie pas toutefois que l'œuvre d'art la plus parfaite ne sera jamais appréciée par une âme vulgaire comme elle l'est par une âme d'élite, et que si la première l'abaisse au niveau de sa médiocrité, la seconde achève de lui donner son prix en la grandissant de toute la grandeur qui est en elle. *L'idéal* qu'elle a bientôt découvert, l'anime, l'enflamme, la ravit, et par delà les beautés enveloppées dans le *pur sensible*, à demi dégagées par *l'expression*, il lui en fait apercevoir une foule d'autres, — car l'infini, le divin est inépuisable, — celles-là même dont la contemplation éclairait l'intelligence, ravissait l'âme, conduisait la main du maître absorbé dans son travail, Phidias ou Michel-Ange, Fra Angelico ou Raphaël, Lesueur ou Flandrin, Beethoven ou Gounod.

Il s'en faut bien que celui-ci les ait fait passer dans son œuvre comme il les voyait en lui-même, au plus profond de son âme : la matière se refuse à cette perfection. Le véritable amant du beau épris de l'idéal, — ce n'est pas toujours un connaisseur de métier, — complète donc, avec tout ce qu'il y a en lui de nobles aspirations, de grandes pensées, de science et surtout de sentiment de l'infini, l'œuvre du maître. A travers les formes, les couleurs, les sons, et avec leur secours, il découvre à son tour l'Exemplaire éternel que celui-ci se désolait, se désespérait de n'avoir pas assez fidèlement reproduit. Grâce à cette communion de leurs âmes dans l'idéal, ils achèvent à deux l'œuvre qu'un seul, fût-il doué du plus beau, du plus puissant génie, ne saurait conduire à sa perfection.

— Bien, très bien, mon jeune ami, voilà comme on parle, quand on a vingt ans à peine, avec ce feu, cette animation : et, après tout, parle-t-on si mal au risque d'un peu d'emphase. L'austère raison vient toujours assez tôt pour calmer l'imagination et refroidir la parole. — Mais enfin ce troisième aspect, ce degré suprême du beau, l'idéal, je voudrais bien savoir, puisque vous êtes en si bonne voie, ce qu'il est en lui-même, ce que vous pensez de lui. Pouvez-vous le définir, vous qui aimez si fort les définitions ?

— M. R. Pas plus que je ne saurais définir, tant de bonne volonté que j'y mette, le parfait, l'infini, le divin. On reconnait sa présence dans les œuvres de l'art, j'en juge du moins par moi-même, à je ne sais quelle émotion qui s'empare de l'âme et la domine, mais qu'elle aurait bien tort de vouloir analyser : elle l'affaiblirait, elle pourrait même la faire évanouir. Il se répand, pour en accroître à l'infini la valeur, sur le *pur sensible*, sur *l'expression* ; mais en lui-même il demeure impénétrable, comme tout ce qui vient des profondeurs de l'Être infini, et ce mystère est une partie de son charme.

— J'en tombe d'accord avec vous, et ce charme j'en ai trop souvent joui pour le nier; mais ne voyez-vous pas où nous allons tout droit, et que si l'idéal ne peut être analysé, la conclusion s'impose, c'est qu'il est absolument un?

— M. R. Est-ce que, par hasard, cette conclusion vous effraierait?

— Pas le moins du monde, et même, j'oserais dire, moins que personne au monde.

— M. R. C'est vrai, c'est vrai, j'en sais les raisons, et vous nous avez trop souvent, à la conférence de philosophie, exposé votre manière d'entendre l'unité véritable, pour que je puisse jamais l'oublier. Pour vous donc, l'unité était alors, et sans doute elle est encore d'autant mieux unité, qu'autour d'un centre unique plus d'éléments divers, plus d'organes, plus de pouvoirs, plus de forces, plus de facultés, plus d'attributs, se disposent et se développent harmonieusement, en vue d'une même fin, dans le sein d'une même nature, d'une même œuvre, d'un même être, à plus forte raison d'une même personne. Est-ce bien cela?

— A peu de chose près, et au moins pour l'essentiel.

— M. R. Sa perfection c'est Dieu, l'unité la plus une, infiniment, absolument une, et, par là même riche d'une richesse inépuisable. Sa contrefaçon, c'est l'unité alexandrine, qui, de retranchements en retranchements, de suppressions en suppressions, et toujours pour le bon motif de devenir plus exactement une, de se dépouiller de tout ce qui pourrait l'affaiblir ou la corrompre, en vient à n'être plus qu'un mot vide de sens, et finit par s'évanouir.

— En sorte que le dernier mot de la première, c'est....

— M. R. Le Dieu personnel et vivant ; celui de l'autre, le néant. Mais, deuxième conclusion et qui nous regarde cette fois directement : l'idéal, puisqu'il est le divin dans l'art, l'idéal est à la fois un et divers, un et infiniment riche. Ai-je bien raisonné ?

— On ne peut mieux pour qui accepte vos prémisses. Mais puisque vous philosophez avec tant d'à-propos, et bien qu'il ne s'agisse plus ici de raisonnement, quelle est, à votre avis, la forme particulière, la variété de l'idéal qui domine dans la Vénus de Milo, car il est temps de revenir au point de départ de notre entretien ? Elle participe de l'idéal, elle reflète l'idéal qui est en soi, nous en sommes convenus, parfaitement un, et je crois que peu de personnes le contesteraient, mais elle le reflète sous un jour particulier, avec les nuances déterminées par la fin que s'est proposée l'artiste, par la nature de son sentiment, par le degré de profondeur de sa pensée, par l'habileté de sa main, par une foule d'autres choses que nous ignorons, et que la passion aussi ingénieuse cette fois que patiente et persévérante de M. Félix Ravaisson s'efforce de decouvrir et de nous révéler.

— M. R. La nuance, la variété de l'idéal qui apparaît dans la Vénus de Milo et qui la distingue !.... A vrai dire, cher Maître, je me suis borné, jusqu'à présent, à en recevoir l'impression, à m'en laisser pénétrer, je n'ai pas songé une seule fois à m'en rendre compte. Je l'ai pourtant là, dans l'esprit, bien présente, aussi présente que si elle était sous mes yeux. Et d'abord s'agit-il de l'œuvre dans son ensemble, ou seulement des traits du visage ?

— Bornons-nous, pour le moment, aux traits du visage ; le reste, avec les suppositions auxquelles il a donné lieu pourrait nous embarrasser. L'attitude d'ailleurs est en parfait rapport de dignité, de noblesse.....

— M. R. Oui, c'est bien cela, de dignité, de noblesse ; je n'irais pas pourtant jusqu'à la majesté, réservons-la au Maître de l'Olympe, mais j'ajouterais de sérénité.... Non, ce mot, ce mot réflexion faite, ne me plaît pas ; disons plutôt de calme divin, de paix profonde, profonde comme la pensée qui en est la source.... Mais bon! voilà que le Jupiter Olympien revient prendre dans mon esprit la place de la Vénus de Milo. Décidément c'est trop d'épithètes, trop de mots, et tous ces mots ne valent pas une bonne petite phrase bien simple, une courte définition.

— Croyez-vous qu'elle soit possible ? Avez-vous sitôt changé d'avis ?

— M. R. Peut-être, en effet, qu'elle ne l'est point, et qu'il faut se contenter de faire entendre tant bien que mal sa pensée ou plutôt son impression. — Mais où sont donc mes Académiciens ? J'avais pourtant l'œil bien ouvert sur M. Ravaisson et sur eux. Il a suffi d'un moment d'inattention, et les voilà disparus, envolés, évanouis, comme la définition que je cherche inutilement.

— Où ils sont ? Pouvez-vous bien le demander, mon ami ? Ne le devinez-vous pas ? Est-ce que le magnifique escalier, un peu obscur toutefois. qui termine cette longue salle, ne conduit pas....

— M. R. A la grande Galerie, — je l'avais oublié, — et de la grande Galerie à l'édicule, au petit sanctuaire où des draperies habilement disposées, une lumière sagement ménagée rehaussent encore le prix du chef-d'œuvre qui lui est confié.

— Voulez-vous que nous les y suivions ?

— M. R. Je n'en ai nulle envie, pour la raison décisive que nous pourrions encore moins aisément qu'ici nous approcher d'eux et les entendre. Allons plutôt, cher Maître, si vous le voulez bien, nous asseoir quelques instants, à deux pas de la porte d'entrée, dans le petit square qui fait face au pavillon Denon. Il est peu probable qu'on nous dispute à cette heure matinale, — matinale s'entend pour des Parisiens, — l'un ou l'autre des deux bancs que la prévoyance municipale prend soin d'y entretenir. Le ciel est pur, l'air tiède pour la saison ; les arbustes, les arbres même ont encore une partie de leurs feuilles. C'est une belle journée d'automne, comme elles sont rares, même durant l'été de la Saint-Martin. Si nous n'avons pas sous les yeux les statues et les tableaux du Musée voisin, rien pourtant ne nous empêchera d'en discourir. Vous les avez vus si souvent.

— Et vous, mon ami, vous dont le goût est si vif pour les théories improvisées au courant de l'imagination, assurément il vous en viendra bien quelqu'une à l'esprit pour nourrir l'entretien.

— M. R. Vous avez donc lu dans mon âme et vous découvrez tout ce qui s'y passe....

Nous pénétrions à ce moment dans le square minuscule dont mon jeune compagnon avait un peu surfait les charmes.

— Convenez, ajouta-t-il, qu'il serait difficile de trouver, au cœur de Paris, une retraite plus paisible, plus propice à l'exposition des grandes idées qui s'agitent dans mon esprit et ne demandent qu'à se répandre au dehors. Sans doute ce n'est pas ici le promontoire de Sunium, ni le jardin d'Académus, et l'on n'y voit pas fleurir les lauriers-roses qui croissaient sur les rives et dans le lit desséché de l'Ilissus. Mais si ces arbres sont un peu maigres, nous avons, en revanche, pour remplacer la riante nature, des palais magnifiques ; nous avons, à deux pas de nous, dans le silence de cette solitude, le murmure de la grande ville, et aux limites de l'horizon, l'Arc de triomphe de l'Étoile avec sa majesté et ses glorieux souvenirs.

Je commence donc, car ces statues devant lesquelles nous avons passé et repassé tout à l'heure ont fait apparaître dans mon cerveau tant d'images suivies de tant d'idées, que celles-ci, en se combinant, en s'entremêlant, sont juste à point pour faire éclore une théorie. Elle se dissipera, elle s'envolera, si je ne lui donne un corps par la parole, et si vous refusiez de l'entendre. Voyez quel grand dommage ce serait pour l'esthétique qui a tant de peine à se constituer, et quelle responsabilité serait la vôtre, si vous ne me prêtiez pas quelques instants d'attention.

— Elle vous est tout acquise, mais ne tardez point. J'ai peu de goût, vous le savez, pour les longs exordes, et si les idées nouvelles, originales, pour lesquelles il me semble que vous cherchez d'avance des excuses ne me plaisent pas, eh bien ! nous n'accuserons que les statues de les avoir produites, par leur néfaste influence, et tout sera dit. Dans le cas contraire, c'est vous seul qui en aurez l'honneur.

— M. R. Je pars de ce principe parfaitement clair et incontestable.......................

— Voilà qui est bien de votre âge et à la française : *Je pars de ce principe...* . Mais c'est ma première et ma dernière interruption.

— M. R. ... de ce principe parfaitement clair et incontestable, quoique puissent dire les réalistes, c'est que la mission de l'art est d'incarner des idées vraies dans de belles formes, ou même simplement d'incarner des idées dans des formes, car il est impossible qu'une idée vraie conçue par un véritable artiste ne produise pas, entre ses mains, une belle forme. Voilà qui est entendu pour la thèse générale.

Maintenant prenons la sculpture à son point le plus élevé, la représentation du corps humain. Les savants, en effet, sont unanimes à lui attribuer, au regard des autres corps, l'organisation la plus parfaite, les artistes une beauté supérieure à ce que la Nature offre de plus beau. La sculpture va donc pouvoir représenter la chose du monde la plus admirable, une âme noble dans un beau corps ; elle donnera l'image vivante d'un esprit. Mais elle a, comme les autres arts, et peut-être plus qu'eux, ses limites infranchissables; elle ne saurait, étant données ses conditions matérielles, tout exprimer, tout faire entendre. Inutile de vous en dire les raisons : tous ceux qui ont un peu réfléchi les connaissent. Les expressions qui lui conviennent le mieux sont les expressions calmes, comme l'aisance d'un maintien austère ou gracieux, la paix intérieure, la noblesse d'une âme tranquille, maîtresse d'elle-même. Elle répugne aux expressions violentes, à celles où l'âme s'amoindrit, disparaît même dans l'excès de la douleur physique. Bref, sa place n'est pas du tout où l'harmonie est manifestement rompue entre le physique et le moral. Cette rupture d'équilibre peut être très bien exprimée par la peinture, par la sculpture jamais, ou fort médiocrement.

La sculpture donc, excellente pour exprimer la plupart des sentiments moyens, tempérés, comme elle l'a fait avec tant de succès dans l'art antique, excellente encore pour rendre certains sentiments du même ordre propres au christianisme, une méditation grave, un recueillement religieux, une sainte sérénité, ne peut, au contraire, sans sortir de sa nature propre, sans forcer sa capacité normale, suivre dans ses élans les plus impétueux, j'allais dire dans ses passions les plus ardentes, le spiritualisme catholique. On dirait que l'Église l'a compris par une sorte d'instinct, en multipliant les cathédrales où la pierre se prête à l'infini des symboles, en faisant produire à l'architecture, à la peinture, à la musique, d'innombrables, d'incomparables chefs-d'œuvre, en ne demandant à la sculpture que peu de statues. Une cathédrale gothique dépasse, à mon avis, le plus beau temple antique, mais il est probable qu'on ne surpassera jamais, en sculpture, la Vénus de Milo.

Voilà mes idées avec mes conclusions, et si elles laissent à désirer, si elles ne vous satisfont pas pleinement, prenez-vous en à ce groupe de Laocoon dont je ne puis supporter les attitudes violentes, si peu en rapport avec le ton général de l'art antique, à ces statues aussi dont quelques-unes me déplaisent souverainement.

— Nous aurions bien, dans ce cas, de sérieux reproches à leur adresser ; mais une théorie improvisée n'est pas une théorie définitive. Vous reviendrez assurément sur celle dont vous venez de tracer l'esquisse.

— M. R. Pas avant d'avoir revu mes chères

statues du Musée du Luxembourg, mes amies, mes voisines[1]. Celles-là du moins sauront m'inspirer.

— A une condition toutefois, c'est que vous fassiez d'abord hommage de votre essai d'aujourd'hui, dans sa mystérieuse retraite, à la déesse qui en a été l'occasion et ensuite la conclusion dernière toute à son honneur et gloire. Craignez, si vous négligez de remplir ce devoir de reconnaissance, qu'elle n'indispose contre vous ses sœurs, vos Muses, les statues du Luxembourg. Touchée de votre hommage, au contraire, elle leur fera savoir, par des voies dont elle a le secret, que votre courte exposition semée çà et là d'aperçus ingénieux a toute son approbation, et qu'elle est pleine de promesses pour l'avenir.

— M. R. Vous raillez, vous socratisez.

— Bien faiblement, avouez-le.

— M. R. Vous savez trop, en effet, que tels ne sont pas mes dieux, que mes hommages ne vont pas à ceux-là, et que Phidias lui-même, l'ami de Périclès, le contemporain de Socrate, puisait ses inspirations à des sources plus pures. La majesté, la paix divine qu'il imprimait sur le front de son Jupiter, c'est au vrai Dieu qu'il en

[1] Voisines, en effet, de l'Hôtel du Luxembourg.

empruntait les traits. L'idéal dont il ne pouvait détacher les regards et qui, des profondeurs de son âme où il le contemplait, se répandait, — à son gré bien imparfaitement, — sur le marbre et l'ivoire où il aurait voulu le fixer tout entier. cet idéal c'est comme l'ombre du Dieu vivant.

— Du Dieu aussi, n'est-ce pas, mon ami, qui est la Pensée de la pensée, qui est tout Pensée. Et c'est pour cela sans doute que tout à l'heure cherchant à faire entendre par mots entrecoupés, — comme c'est notre langage à tous en présence de l'idéal, — quel est le point culminant, le sommet de l'art du sculpteur, vous nommiez le calme divin, la paix profonde, profonde, ajoutiez-vous, comme la pensée qui en est la source.

— M. R. Pouvais-je moins dire que les sages illustres, ces contemporains de Phidias, et sans doute aussi de l'auteur inconnu de la Vénus de Milo, moins dire que toutes les Écoles et tous les philosophes de l'antiquité ? N'ont-ils pas, dans la diversité et souvent l'opposition absolue de leurs doctrines, voulu la même chose, poursuivi le même bien, la paix de l'âme, une paix inaltérable? Disciples de Platon et d'Aristote, Épicuriens, Stoïciens, Sceptiques même ne se livrent, dans des directions différentes, — nous nous en sommes convaincus en les étudiant, — à ce grand et pénible travail de la pensée que pour dominer enfin tous les troubles de la pensée, que pour se reposer dans la paix que donne à l'âme ou le sentiment de la vérité conquise, ou celui de son impuissance absolue à la conquérir !

— Ces philosophes, j'en conviens avec vous, mon cher élève, sont bien grands, sont des Maîtres, mais ont-ils, après tout, fait autre chose que ce que font ici-bas, depuis qu'il y a des hommes, avec moins de suite il est vrai, dans leur effort, tous ceux qui ont le loisir et la volonté de penser ? Tous tant que nous sommes, nous aspirons à la paix, et nous savons clairement, ou nous sentons vaguement que la paix ne s'obtient pas, qu'elle n'est ni entière, ni durable en dehors de la vérité. Ce désir de la paix dans la lumière du vrai résume et domine tous nos désirs, comme dans l'art, le sommet qu'on ne dépasse point, et que seuls les Maîtres ont atteint, c'est celui où la paix divine et la pensée sûre d'elle-même et de la vérité se reflètent dans une œuvre immortelle, se fondent dans un idéal unique. Encore faut-il, pour en jouir pleinement, que notre âme, à la vue ou à l'audition du chef-d'œuvre, ajoute, si elle est assez riche de son propre fonds, tout ce qui est en elle à ce qu'elle découvre en lui.

— M. R. Ma pensée se reporte, en vous écoutant, à ces innombrables statues de la Vierge et des saints dont les âmes religieuses achèvent la beauté parfois assez faiblement accusée, en y ajoutant leurs dispositions intérieures, à ces Compassions surtout, à ces Piéta, comme on les nomme, je crois, en Italie, à ces Calvaires, à ces Sépulcres qui remplissent le monde catholique et qui commencent à s'introduire dans les temples protestants. N'ai-je pas, mon cher Maître, découvert, dans un récent voyage à Berne, oui découvert et admiré une magnifique Piéta dans la cathédrale protestante[1] ?

— Comme vous admirerez à Genève, dans la cathédrale de Calvin, une antique chapelle des Machabées, qu'on restaure en ce moment avec un goût parfait. L'union avec nos frères séparés, plus que jamais désirable, alors que de si violents assauts sont livrés au christianisme par d'irréconciliables adversaires, cette union se prépare lentement et suivra sans doute plus d'une voie avant d'arriver à son terme : celle du beau n'est pas la moins légitime. Je ne pense pas que les plus intelligents, les plus religieux d'entre eux continuent de proscrire comme œuvres païennes les images de la passion du Sauveur et des souffrances de sa mère. Et si celles-ci laissent à désirer, au point de vue du beau, nos frères de Genève et

[1] A titre, il est vrai, de chef-d'œuvre d'un artiste bernois.

d'Angleterre trouveront sans peine au dedans d'eux-mêmes de quoi suppléer aux lacunes, amender les imperfections d'un art qui a parfois voulu plus qu'il n'a su bien faire.

— M. R. Tout cela, cher Maître, me remplit d'espérances, mais ne me réconcilie pas avec les œuvres de la sculpture chrétienne. Vous avez beau m'inviter à faire quelque petit effort pour en mieux comprendre et en achever en moi la beauté, je ne me sens aucune inclination à leur rendre ce service, et peut-être n'ai-je pas ce qu'il faudrait pour y réussir. Qu'elle renonce à s'emprisonner dans des formes convenues, purement hiératiques, contraires à la liberté de l'art; qu'elle varie les expressions plus qu'elle n'a fait jusqu'à présent; qu'elle les adapte au caractère authentique, historique, personnel et non banal des apôtres, des saints, des docteurs dont la plupart, permettez-moi cette allusion, méritent un *office propre*, au lieu d'être confondus dans le *commun des confesseurs* ou *des martyrs*, et alors, très probablement, je changerai d'avis.

L'art chrétien, je l'espère, je le crois fermement, n'a pas dit son dernier mot dans la sculpture, pas même dans la peinture, pas même dans la musique. Ce qu'on a souvent affirmé avec tant de raison de l'Église et de sa doctrine, qu'elles ont des ressources inépuisables pour toute forme de gouvernement, pour tout état de la société, en un mot pour l'avenir entier de l'humanité, ne me paraît pas moins vrai pour l'art chrétien. Peut-être même la sculpture chrétienne atteindra-t-elle un jour ce haut sommet que je lui interdisais tout-à-l'heure, peut-être le dépassera-t-elle, car la paix et la lumière du vrai sont, dans l'ordre chrétien, bien supérieurs à ce que la philosophie des Grecs, et, à sa suite, l'art des Anciens ont pensé et réalisé de plus beau. Je serai le premier, si je vis encore, à me rétracter, à confesser, et même à déplorer mon erreur, à me réjouir d'un tel progrès ; mais pour le passé, je persiste à dire qu'il est loin de me satisfaire et de répondre à mon idéal.

Ces paroles de mon jeune ami dites avec vivacité, avec animation, produisirent dans mon esprit je ne sais quel trouble passager. Au lieu de recueillir les idées et les exemples qui m'auraient fourni sans peine les éléments d'une réplique décisive, je laissai mes impressions, mes souvenirs, errer à l'aventure, sans songer seulement à les enchaîner. En un instant très court, je vis passer devant mes yeux les grandes et imposantes statues qui, à l'extérieur de nos cathédrales, Reims, Chartres, Amiens, Paris, semblent, du haut de leur calme majestueux, dominer les vains tumultes des générations qui se succèdent à leurs pieds. A ces statues, à d'autres encore dont le souvenir était, dans ma mémoire, plus lointain, plus effacé, vinrent s'ajouter sans ordre, mais avec une sorte d'obstination, les images de la mort sur ces tombeaux dont les églises de la seule Lorraine, sans parler des autres provinces que je connais moins bien, sont remplies : Stanislas, dernier duc de Lorraine, debout et priant dans la chapelle de Bon-Secours; Philippe de Gueldre, la veuve de René II, l'aïeule des Guises, ensevelie dans sa robe de Clarisse : œuvre merveilleuse de Ligier Richier. Puis c'était, dans l'église de la Sorbonne, Richelieu regardant la Mort en face, comme il avait fait toute sa vie les ennemis de la France ; plus loin, dans la cathédrale de Nantes, Lamoricière entouré dans la paix inaltérable d'une mort pleine d'espérances, par les quatre Vertus, Foi, Courage, Méditation, Charité, qui ont été la force et la lumière de sa vie, et n'ont pas moins bien inspiré le sculpteur que le héros chrétien.

Le nom de Ligier Richier réveillant tout à coup dans mon esprit un souvenir de jeunesse :

— Permettez-moi, mon ami, au lieu d'entamer une discussion qui pourrait bien, après un long temps perdu, nous laisser chacun dans notre sentiment, de vous narrer un fait de peu d'importance qui me revient à la mémoire. Si nous ne sommes pas tout à fait du même avis sur la valeur des œuvres de la sculpture chrétienne à l'époque présente, du moins l'accord est parfait sur ce que nous avons nommé l'un et l'autre le sommet, le point culminant de l'art : or, c'est la seule chose qui importe.

La petite ville fort agréablement située sur les bords de la Meuse où je débutais, il y a de cela bien longtemps, avec le titre de régent de philosophie et d'histoire, Saint-Mihiel, possède dans l'église Saint-Étienne un sépulcre qu'on nommerait aussi bien la Mise au tombeau du Christ, d'une beauté incomparable. Chef-d'œuvre de Ligier Richier auquel il a coûté de longues années de labeur, il renferme treize personnages d'une taille un peu plus grande que la moyenne, et il n'est pas moins remarquable par l'habile disposition de la scène que par la perfection du travail. La plus exacte description, — Dieu sait dans quels détails il me faudrait entrer, — ne vaudra jamais, pour faire comprendre et sentir l'idéale beauté de cette œuvre supérieure à toutes celles du même genre[1], un rapide regard jeté sur elle

[1] Illud, quisquis ades, Christi mirare sepulcrum :
Sanctius, at nullum pulchrius Orbis habet.
Cité d'après Dom Calmet.

Passant, de Jésus-Christ admire le tombeau :
Il en fut un plus saint, mais jamais un plus beau.

par un amant du beau, par un observateur intelligent et tant soit peu chrétien. J'allais, de temps à autre, visiter ce Sépulcre, et jamais, je dois le dire, le sentiment de la vie n'a été si vif en moi, si promptement élevé à sa plus haute puissance, que parmi ces ombres et ces tristesses de la mort, sans parler de la paix intérieure aussi douce que profonde dont, après quelques instants de contemplation, mon âme était pénétrée.

Or, un jour que je venais d'étudier, avec une extrême attention, la noble figure du Christ douce et miséricordieuse jusque dans la mort, j'aperçus près de moi un habitant de la ville, mon aîné de huit ou dix ans, M. Audéoud, qui né à Genève s'était converti à la foi catholique, et, plus tard, venu à Saint-Mihiel pour je ne sais quelles affaires, s'y était allié à une des familles les plus anciennes et les plus honorées du pays. Intelligent, lettré, il cachait, sous une apparente froideur genevoise, un vif amour du beau et des arts, une flamme religieuse très ardente. A plusieurs reprises l'occasion s'était présentée de m'entretenir avec lui, et je m'étais promis de nouer, s'il était possible, des relations plus intimes. Pour cette fois encore, et comme il était convenable dans une église, nous n'échangeâmes que peu de paroles.

— Monsieur le professeur de philosophie admire, me dit-il, une œuvre qui ne ressemble guère à celles de la Grèce antique. Ses plus célèbres artistes, Phidias, Polyclète, se sont rarement proposé dans leurs chefs-d'œuvre de peindre la douleur, et encore moins la douleur morale

— Et pourtant, répondis-je, ce spectacle d'une douleur insondable, immense, dont chacune de ces physionomies reflète à sa manière, avec une expression si touchante, une nuance différente, se termine pour le spectateur à un sentiment de paix, j'allais dire de joie intérieure plus intime, plus profonde que celle dont les belles œuvres de l'art antique étaient pour moi la source, quand j'avais à Paris le bonheur de les contempler. — N'êtes-vous pas, Monsieur, de mon avis ?

— Assurément.

— Mais pourriez-vous m'en découvrir la cause ?

— La cause, Monsieur le professeur,..... mais vous la connaissez mieux que moi, car votre Platon l'avait déjà vaguement pressentie. Mais ce qu'il bégayait dans sa langue pourtant si belle, ce qu'il disait de la douleur, de sa puissance expiatrice, de sa vertu purifiante, la scène du Sépulcre le proclame hautement, l'annonce clairement, non plus à un petit peuple, à une Cité, ou aux seuls lettrés, mais à l'univers entier, aux humbles et aux grands, aux pauvres et aux riches : c'est qu'on ne parvient à la lumière et à la paix que par la douleur, c'est qu'on n'en possède la plénitude qu'après l'épreuve de la souffrance.

Je comprends, ajouta-t-il avec animation, que Caton, avant de se percer de son épée, et pour se persuader qu'il ne mourrait pas tout entier, ait relu l'admirable dialogue du Phédon. Mais qu'est-ce que cette belle espérance dont le berçait l'éloquence de son philosophe, auprès des certitudes que cette scène de la Mise au Tombeau fait pénétrer jusqu'au fond de l'intelligence et du cœur! N'est-elle pas, au milieu de ses angoisses et de ses larmes, consolée d'avance par la vision intérieure de la résurrection prochaine, et la vie sans fin dans la pleine possession de la lumière et de la paix n'éclaire-t-elle pas déjà de ses divins rayons ces ombres de la mort! Voilà le prix de la douleur et du sacrifice. Je conduirai souvent mes fils[1], quand ils auront quelques années de plus (il en avait deux déjà, mais très jeunes) près de ce Sépulcre, pour y tremper leur âme, pour fortifier leur courage contre les épreuves de la vie et

[1] M. Audéoud est mort jeune. L'aîné de ses fils est aujourd'hui colonel d'un régiment de cavalerie, en garnison à la frontière de l'Est. Le second commandait en chef dans la campagne qui s'est terminée aux rudes combats et à la prise de Sikasso (Soudan, 1898). Dans le cours de cette même campagne, le plus jeune a été décoré pour brillant fait d'armes.

les assauts de la douleur, en leur montrant que pour un chrétien la mort n'est qu'un passage à une vie plus parfaite, dans le vrai séjour de la lumière et de la paix.

Je ne songeai guère, vous le devinez bien, à le contredire, et nous nous séparâmes.

Un silence de quelques minutes suivit ce récit très simple que M. R. avait écouté avec beaucoup d'attention, et sur lequel il se borna à me faire part de ses réflexions et de ses pensées en parfait accord d'ailleurs avec les miennes. Puis nous nous levâmes, et après avoir de nouveau traversé la cour du Louvre, nous allions nous séparer pour prendre deux directions différentes, quand, à la vue d'un corbillard de seconde classe arrêté devant le portail de Saint-Germain-l'Auxerrois, le désir me vint d'entrer un instant dans l'église.

— Si vous disposez encore de quelques minutes, suivez-moi donc, dis-je à mon jeune ami. Peut-être serons-nous encore assez à temps pour la lecture de l'Évangile d'une simplicité sublime, ou au moins pour le chant de la Préface qui n'en est pas indigne[1]. Quand elle est dite par une voix

[1] En voici un passage: .... ut dum naturam contristat certa moriendi conditio, fidem consoletur futuræ immortalitatis promissio. Tuis enim fidelibus, Domine, vita mutatur, non tollitur, et dissoluta terrestris hujus habitationis domo æterna in cœlis habitatio comparatur.

grave, harmonieuse, touchante, elle remue l'âme jusque dans ses profondeurs.

Et, à ce propos, je lui rappelai le fait d'un jeune officier japonais[1] qui avait accompagné ses camarades, les officiers du régiment du Génie, au service funèbre de notre Préfet subitement décédé[2]. Cette Préface remplie non seulement des espérances, mais des promesses de l'immortalité, était chantée par un jeune vicaire[3] doué de la voix la plus belle et la plus mélodieuse, du timbre le plus sympathique. Un silence profond s'établit dès les premiers mots, et la voix s'éleva lente, solennelle, émue, à la hauteur des grandes vérités qu'elle proclamait. Le jeune étranger partageait l'émotion générale, et, au sortir de l'Office, il demanda à un de ses amis de vouloir bien lui traduire les paroles qu'il désirait comprendre, pour ne jamais les oublier.

Pour moi, ajoutai-je, elles m'ont toujours vivement impressionné, et je ne puis les écouter sans que la foi aux divines promesses devienne dans mon âme plus forte et plus consolante.

Nous entrâmes donc assez à temps pour enten-

[1] Il se nommait Massamori Mori : il mourut quelques mois plus tard des suites d'une chute de cheval.

[2] M. Mahias, novembre 1881.

[3] Aujourd'hui Mgr Rozier, missionnaire apostolique.

dre, avant et après la Préface, avant et après l'instant solennel du sacrifice, se multiplier, à travers les effrois et les gémissements des chants liturgiques, les pressants appels à la lumière et à la paix que l'Église parlant au nom de ses enfants a partout répandus dans *l'Office des morts*[1].

— Vous le voyez, dis-je en sortant, l'Église vient au secours de nos faibles pensées ; elle ne dit, en somme, autre chose que ce que disent les grands artistes, les grands philosophes, mais elle le dit avec la suprême autorité de sa parole, et elle y ajoute clairement, hautement, ce que l'art est inhabile à développer, ce que la philosophie ancienne n'a fait entrevoir qu'une fois, grâce au génie inspiré de Platon, c'est que ces deux biens si désirables, si désirés, et d'ailleurs étroitement unis, la lumière et la paix, s'achètent ici-bas au prix de la douleur et du sacrifice.

— M. R. Mais à la paix dans la lumière, c'est-à-dire dans la vérité, serait-ce trop, dites-moi, cher Maître, d'ajouter l'amour dont vous nous répétez souvent qu'il s'élève et qu'il se purifie avec la pensée. Ne le faut-il pas pour achever l'action

[1] Lire, sur ce sujet de *l'Office des morts* (page 165), trois pages de Fr. Coppée des plus belles et des plus touchantes.

de l'âme, pour remplir avec la pensée cette éternité dont l'immensité m'effraie...

— Et pour s'y développer, pour y grandir l'un et l'autre de concert, sans fin, sans épuiser jamais les perfections de leur objet inépuisable, le Dieu qui est toute beauté, tout amour, toute Pensée, et dont l'Acte pur, l'Acte éternel fera de plus en plus le nôtre à son image.

APPENDICE

(*Voir page 162*)

I

. . . .
. . . .

« Pour revenir à l'enterrement tumultueux et magnifique de l'autre jour, je vous avouerai que j'entrai dans l'église et que je pris place sur ma chaise à housse noire sans aucun recueillement. Comment aurais-je pu me recueillir ? Tout de suite mon voisin, se penchant à mon oreille et abritant sa bouche avec sa main gantée, me demanda :

« — Eh bien ! mon cher, quand votre pièce entre-t-elle en répétition ?

« Cependant l'orgue gémit, les chants éclatèrent, et la sublime et poignante musique de la liturgie romaine produisit son effet accoutumé. Les physionomies devinrent graves, les chuchotements s'éteignirent, un silence imposant régna.

On se souvint qu'il y avait une morte dans ce cercueil qui disparaissait sous les roses et les chrysanthèmes ; et, mêlé aux plaintes déchirantes de la maîtrise et aux parfums entêtants et amers des fleurs d'automne, on sentit flotter dans l'espace on ne sait quoi de formidable et de majestueux. Me suis-je trompé ? J'eus alors le sentiment que tous ces hommes réunis par un simple devoir de civilité, que tous ces Parisiens sceptiques pensaient à la mort.

« Moi, j'écoutais les chants, les admirables prières, dans lesquelles revenait à chaque instant le même mot : *Requiem... Requiem æternam... sempiternam...*

« Le Repos !...

« Qu'elle est touchante, — et qu'elle est profonde, — cette pensée de l'Église chrétienne qui, lorsqu'elle prie pour les morts, supplie Dieu de leur accorder, avant tout et surtout, le repos ! Quelle sagesse ! Quel jugement définitif porté sur la vie, où tout — même ce que nous appelons le bonheur — est une fatigue !

« Celle qu'on enterrait ce jour-là était morte pleine d'années et avait droit à ce repos que les prêtres et les chanteurs demandaient pour elle. Mais, sur tous les visages qui m'environnaient, sur ces visages d'âge différent, même sur ceux des jeunes gens, sur ceux des jeunes femmes en pleine éclosion de beauté, je voyais distinctement les traces de l'usure et de la lassitude. Tous, ils étaient épuisés déjà par leurs travaux, par leurs passions, par leurs douleurs, par leurs jouissances. Chez tous, — chez cet homme de génie comme chez cette mondaine, chez ce soldat comme chez ce penseur, — je retrouvais le signe fatal, — à peine apparent quelquefois, visible toujours, — cette moue de la lèvre, cette tristesse du regard, qui trahissent, dans toute physionomie qui s'abandonne, la faillite quotidienne de la vie, la déception ou l'assouvissement.

« Le repos ! Combien la belle prière avait raison de demander le repos pour eux, pour moi, pour nous tous !

. . . .

. . . .

. . . .

« Moi aussi, à la veille de cette fête des Morts, moi aussi je me penche sur des tombes vénérées. Hélas ! elles restent muettes ; mais, auprès d'elles, je retrouve un peu de mon âme d'enfant.

« La foi y coulait comme une source fraîche sous de grands arbres. Puis les saisons ont passé. Le doute, sombre et triste automne, a laissé tomber sur l'eau vive les feuilles jaunes et les branches sèches, et l'a couverte de débris. Lève-toi, vent froid de la Toussaint qui balaies toutes les impuretés ! Débarrasse la source de cette dépouille flétrie et m'y laisse boire ! Oui, que je me désaltère, car j'ai soif d'espérance ! Que cette eau délicieuse me rende la foi naïve de mes quinze ans, la foi sereine, exempte de terreurs et de superstitions ! Qu'elle me permette de croire encore que mes bien-aimés ne sont pas anéantis à jamais, qu'ils m'attendent dans la lumière, et que cette mort, dont chaque minute me rapproche, n'est pas le repos dans les ténèbres, mais un repos divin, le repos dans la certitude, où nous saurons enfin ce que c'est que le bonheur et ce que c'est que la justice ! »

« FRANÇOIS COPPÉE. »

(*Études et Croquis.*)

II

Sonnet composé par Michel-Ange, quatre ans avant sa mort :

« Porté sur une barque fragile, au milieu d'une mer orageuse, j'arrive au port commun, où tout homme vient rendre compte du bien et du mal qu'il a faits.

« Maintenant je reconnais combien mon âme fut sujette à l'erreur, en faisant de l'art son idole et son souverain maître.

« Pensers amoureux, imaginations vaines et douces, que deviendrez-vous maintenant que je m'approche de deux morts, l'une certaine, l'autre menaçante ? »

« Ni la peinture, ni la sculpture ne peuvent suffire pour calmer une âme qui s'est tournée vers toi, ô Dieu, qui as ouvert pour nous tes bras sur la croix. »

Ce sonnet se trouve parmi plusieurs autres dans une lettre de Michel-Ange à Vasari, son fidèle élève et son ami.

VI

L'ART ET LA PENSÉE

VI

L'ART ET LA PENSÉE

Octobre 1856

I

Je ne sais si les premiers jeudis qui suivent la rentrée des classes, surtout depuis qu'elle a lieu tout au commencement d'Octobre, ne valent pas pour maîtres et élèves les vacances elles-mêmes. Du moins s'empressent-ils d'en jouir, sans en perdre une minute, surtout quand le soleil d'automne veut bien favoriser de ses tièdes rayons ces heures précieuses de liberté passagère. Il brillait de tout son éclat, entre une heure et deux heures, dans un ciel à peine semé de quelques légers nuages, quand deux de mes collègues et moi nous nous acheminâmes vers la paisible rivière de l'Yon, pour en explorer les bords. Un heureux hasard avait réuni dans le Lycée de Napoléon-Vendée, — c'est ainsi qu'on nommait alors La Roche-sur-Yon, — quatre ou cinq jeunes gens à deux ou trois ans près du même âge, et encore à leurs débuts dans la carrière de l'enseignement. Les mêmes goûts et surtout le même amour des Lettres, les souvenirs communs de l'École normale, ajoutons, sans trahir la vérité, d'heureux caractères les avaient étroitement liés, et la petite ville n'offrant guère alors d'autre plaisir que celui de la promenade, ils en jouissaient ensemble le plus souvent possible. Rien d'ailleurs de plus doux, de plus tempéré que le climat de La Roche-sur-Yon où le ciel n'a pas sans doute la pureté, ni le soleil la vivifiante chaleur de la *Côte d'azur*, mais où l'hiver n'a non plus que de rares et courtes rigueurs, où la neige ne paraît, encore n'est-ce pas tous les ans, que pour rappeler qu'elle existe, et où l'on peut, au cœur de janvier, cueillir des fleurs et se reposer sur un frais tapis de verdure dans un des creux vallons que traverse la route des Sables ou celle de La Rochelle.

C'est le poète Malherbe qui fit, à peine étions-nous sortis de la ville, les premiers frais de la conversation. Notre collègue de seconde, notre doyen, comme nous aimions à le nommer, — il l'était pourtant de deux années tout au plus, — Lecœur s'était pris d'une soudaine et belle passion pour le poète qui, le premier, au témoignage de Boileau,

> Fit sentir dans les vers une juste cadence.

Il en avait appris par cœur les plus belles pièces, peu nombreuses d'ailleurs comme chacun sait, il aimait à en réciter les plus beaux vers, et il savait avec assez d'habileté, par des voies, il est vrai, plus ou moins directes, l'appeler au secours de ses affirmations sur les sujets les plus divers. C'est au point que le professeur de rhétorique, Aderer, esprit vif, pénétrant, délicat, mais naturellement impatient, ne put s'empêcher ce jour-là, avec toute la déférence qu'il devait à son aîné, de lui en faire la remarque.

— Mais enfin, lui dit-il, est-ce donc un si grand poète que votre Malherbe, et mérite-t-il de vous captiver à ce point ? Qu'il ait rendu à la langue de la poésie, et même à celle de la prose, de signalés services, nul ne le conteste, et Boileau l'a dit en quatre vers qui suffisent à sa louange. Il est venu en son temps, à son heure ; il a fait œuvre de réformateur courageux que ni préjugés, ni routine, ni cabales n'ont empêché de remplir sa mission. Il a eu le sentiment très vif du nombre et de l'harmonie, le goût, et plus que le goût, la passion du mot propre, mis à sa place. On peut dire de lui qu'il a ouvert la voie, mais il ne l'a point parcourue : c'est un précurseur, ce n'est pas un homme de génie. Faites le compte de ses *Odes* et de ses *Stances*, vraiment, complètement belles, vous n'arriverez pas à un chiffre bien élevé, et elles tiendront en quelques pages. Le reste est correct, harmonieux, mais pauvre de fonds, souvent même fade et insignifiant.

Lecœur répondit avec vivacité d'abord, puis peu à peu avec plus de calme, et en utilisant avec beaucoup d'à-propos sa profonde connaissance de son poète favori, qu'il n'acceptait point la dernière partie de ce jugement. Boileau, dans ce très rapide coup d'œil jeté sur les débuts de notre poésie, n'avait en vue que le réformateur de la langue et du goût : il n'était pas tenu, dans ce passage aussi mal interprété que souvent cité, de célébrer les qualités de la pensée. Celle-ci est admirable de vérité et de profondeur dans les quelques pages de Malherbe que tout le monde connaît ; mais, faible ou forte, vraie ou discutable, elle n'est chez lui jamais absente. La beauté de ses vers n'a pas uniquement sa source dans la justesse de l'expression, dans le nombre et l'harmonie de la période : ils sont pleins autant qu'ils sont forts. Or la pensée, à mon avis du moins, c'est chez tous les grands écrivains, prosateurs ou poëtes, et de même chez tous les grands artistes, peintres, sculpteurs, architectes, musiciens, l'élément premier, principal de la beauté. Point de beauté vraie, durable, où il n'y a point de pensée : peut-être un peu d'agrément, mais rien de plus, et encore sera-ce pour longtemps ?

— Votre avis, mon cher Lecœur, s'empressa de répondre Aderer, est celui de tous ceux qui ont quelque culture d'esprit, quelque amour des Lettres et des Arts ; il ne saurait y avoir sur ce point l'ombre d'un dissentiment. Et pourtant si l'on me demandait de définir cette pensée, dont vous avez raison de faire l'élément principal des œuvres belles dans l'ordre des Lettres, éloquence, poésie, histoire même, et dans celui des arts, je serais, je l'avoue, fort embarrassé. Où commence-t-elle, en effet, d'apparaître cette pensée si puissante ? Qu'est-ce, à proprement parler, qui la constitue ? Quand y a-t-il, ou n'y a-t-il point pensée ? En vérité, la chose n'est pas toujours claire. Entre les exigences des uns et l'extrême indulgence des autres ; entre ceux qui n'admettent que la pensée nettement accusée, exactement circonscrite, et ceux que satisfont les moindres apparences, qui se contentent d'une ombre, d'un sous-entendu, d'une intention, la distance est grande, et la règle, le *criterium*, comme disent les philosophes, me semble encore à découvrir.

— Ne pourrait-on, interrompis-je, le trouver dans ce passage où Boileau, se demandant pourquoi ses vers

Sont recherchés du peuple et reçus chez les princes,

termine ainsi la revue impartiale de leurs qualités et de leurs défauts :

Et mon vers, bien ou mal, dit toujours quelque chose.

— ADERER. — Mais c'est précisément ce *quelque chose* qu'il est malaisé de discerner, que je voudrais pouvoir déterminer à l'aide d'une règle certaine qui m'assurerait de la présence ou de l'absence de la pensée. Croyez-vous que Boileau, passionné comme il l'était pour la clarté et la précision, ne nous l'aurait pas apprise s'il l'avait connue. Le vague même de ce *quelque chose* prouve qu'il n'en savait pas beaucoup plus que nous sur ce point délicat où le clair-obsur s'obstine à ne point céder sa place à la pleine lumière. Mais que serait-ce, grands dieux, si des Lettres nous passions aux Arts dont notre ami Lecœur a dit tout à l'heure qu'ils sont soumis, eux aussi, à la loi suprême de la pensée.

— LECOEUR. — Décidément cette pensée, source principale de la beauté, joignons-y ce *quelque chose* qui la caractérise sans l'expliquer, tout cela c'est pour Aderer

.... quelque dédale où sa raison perdue
Ne se retrouve pas.

Efforçons-nous, pour l'aider à en sortir, de mettre en ses mains le fil d'Ariane.

Inutile de dire qui venait de nous rappeler ces vers des Stances à Du Perrier. Lecœur continua de la sorte :

Il est, selon toute apparence, ce fil si précieux entre les mains de notre professeur de philosophie, et s'il avait pu nous accompagner, s'il était ici avec nous sur les rives encore verdoyantes, mais déjà un peu bien fraîches de l'Yon, je n'hésiterais pas à lui dire :

> C'est chose à mon esprit impossible à comprendre,
> Et nul autre que toi ne me la peut apprendre [1].

— S'il n'est pas présentement des nôtres, interrompit Aderer, c'est pourtant lui qui va, je l'espère du moins, nous aider à sortir d'embarras. Vous le savez, mes amis, je ne suis pas philosophe, mais j'aime à entendre parler philosophie, et l'occasion s'en présente assez souvent, notre collègue étant mon voisin et nos relations des plus amicales et des plus fréquentes. Il n'est ni abstrait, ni systématique, et son langage ressemble si fort, je vous en prends à témoins, à celui de tout le monde, j'entends tout le monde des esprits cultivés, que je me suis demandé d'abord,

[1] Malherbe : Stances sur *Les Larmes de Saint Pierre.*

durant les premières semaines, s'il était vraiment philosophe. Il me semblait qu'on n'eût pas droit à ce titre, si l'on ne parlait, en ces matières, une langue *sui generis*, aride, subobscure, semée çà et là de quelques locutions aussi étranges qu'étrangères : c'est une erreur dont il m'a fait revenir. Je n'y serais jamais tombé, si je m'étais souvenu que nos grands philosophes français du xviie siècle, Descartes, Malebranche, Pascal, Bossuet, Fénelon, Leibnitz lui-même. doivent à la langue très naturelle et très simple qu'ils ont parlée, dans laquelle ils ont écrit, d'être encore, après deux siècles écoulés, aussi intelligibles, aussi clairs, pour nous, qu'ils l'étaient pour leurs contemporains.

Donc parmi les idées sur lesquelles notre ami revient le plus souvent, il en est une si simple et pourtant si féconde, qu'on se demande pourquoi l'on en fait si peu d'usage : peut-être est-ce sa simplicité même qui lui vaut d'être ainsi délaissée. Tout le monde la connaît, et peu de personnes veulent bien s'en servir. Pour lui donc la loi *d'ordre hiérarchique* est une loi absolue du monde physique et du monde moral, c'est-à-dire que l'ordre, — or tout est ordonné ici-bas, rien ne se conçoit que dans l'ordre et par l'ordre, — n'est pas seulement de juxtaposition, de concordance, d'enchaînement plus ou moins naturel, mais ordre de degrés allant du plus petit au plus grand, du plus obscur au plus clair, du plus faible au plus fort, du moins beau au plus beau, du plus divers au plus un, du moins être à ce qui est davantage.

— LECOEUR. — Je vous vois venir, mon cher Aderer, et je devine sans peine où ces préliminaires vont aboutir. Vous allez nous dire, et nous en sommes convaincus d'avance, que la pensée a ses degrés en nombre infini, que mobiles, changeantes, fugitives, nos pensées se succèdent avec une incroyable rapidité, comme d'ailleurs toutes choses ici-bas, heur et malheur, joie et tristesse :

Les aventures du monde
Vont d'un ordre mutuel,
Comme on voit
Au bord de l'onde
Un reflux perpétuel.
L'aise et l'ennui de la vie
Ont leur course entre-suivie
Aussi naturellement
Que le chaud et la froidure,
Et rien, afin que tout dure,
Ne dure éternellement [1].

Voilà qui est bien dit, vous en conviendrez, n'est-ce pas ?

— ADERER. — Bien dit, soit, j'y consens, mais à côté de la question, plus que dans la question

[1] Malherbe, Ode I.

même. Que nos pensées, en effet, soient successives et le plus souvent éphémères, que tout ici-bas se transforme, décline et meure, les poètes, les philosophes ne cessent de nous le rappeler à l'envi les uns des autres, et l'on pourrait citer sur ce sujet inépuisable des vers au moins aussi beaux que ceux de votre poète favori : les deux derniers sont toutefois d'une vigoureuse concision. Mais il s'agit, en ce moment, non de succession, mais de degrés. Or, vous m'accorderez qu'un grand nombre d'hommes n'ont, durant toute leur vie, que des pensées confuses, enveloppées, pour peu qu'elles tendent à sortir du cercle étroit de leurs besoins, de leurs intérêts, de leurs plaisirs ; que l'objet en est habituellement très limité, pour ne pas dire vulgaire, très vulgaire. Ne sommes-nous pas ici au plus bas degré de la pensée ?

— Assurément, répondîmes-nous de concert, Lecœur et moi.

— Aderer. — Ne mettrons-nous pas au même rang, ou à peine un peu plus haut, les idées indécises, flottantes qui, dans beaucoup d'esprits cultivés, ne parviennent pas à se saisir elles-mêmes et à se fixer ?

— Au même rang.

— Aderer — A mesure que ces idées deviendront plus claires, plus précises, nous les ferons, n'est-il pas vrai, monter à un rang supérieur ?

— Entendu.

— Aderer. — Et ces degrés sont nombreux ?

— Très nombreux.

— Aderer. — Et de même pour l'importance de la pensée, je veux dire, pour ce qu'elle renferme de solide, de substantiel, les degrés se succéderont ou plutôt se superposeront en nombre incalculable ?

— Incalculable c'est admis. — Lecœur ajouta :

— Toutefois, à votre tour de me dire, mon cher Aderer, à quel signe certain, indéniable, une pensée est plus solide, plus substantielle, ce sont vos expressions, comme aussi à quel autre signe également irrécusable, nous pourrons déterminer le degré de vérité ou d'erreur qu'elle contient.

— Nous n'avons pas à chercher bien loin nos exemples, répondit Aderer : les deux derniers vers de la strophe que vous citiez tout à l'heure :

> Et rien, afin que tout dure,
> Ne dure éternellement.

ne sont-ils pas aussi pleins de choses qu'ils sont vrais ?

— Lecœur. — Vous savez si j'en tombe d'accord, puisque c'est moi qui vous les ai rappelés, mais, à mon tour encore, de vous faire souvenir que des exemples ne sont ni des règles, ni des preuves, que tant que vous en produisiez, ils ne remplaceront jamais le *criterium*, ou, comme disait Montaigne, l'*instrument judicatoire* que nous cherchons ensemble. Quelles sont d'ailleurs ces choses dont il faut qu'une pensée soit pleine, pour que nous l'élevions à un degré supérieur, éminent même ?

— ADERER. — Ce mot *chose*, je commence à le croire, reprit en riant Aderer, est tout simplement, avec sa très large et très insignifiante ampleur, le couvercle de notre ignorance, et nous ne l'employons si à propos, il ne vient si naturellement sur nos lèvres que pour dissimuler notre impuissance d'aller jusqu'au fond des choses ! Sans compter, ajouta-t-il, que si ces deux vers ont, au premier abord, l'air d'*être pleins de choses*, et de cacher autant d'idées qu'ils en découvrent, ces idées il faut un certain travail de l'esprit pour les faire monter au grand jour, un autre effort pour apprécier leur degré de vérité. Je commence à douter qu'il y ait des règles pour tout cela, et que nous puissions les découvrir. C'est affaire à chacun d'y employer sa sagacité, sa pénétration, sa justesse d'esprit.

— Il en faudra beaucoup, interrompis-je, pour discerner et aussi pour épuiser tout ce que cette pensée si brièvement exprimée contient de sens, pour répondre à toutes les questions qu'elle soulève. Rien que ces deux mots : *durer*, *éternellement*, suffiraient à occuper, durant de longues heures, un vrai méditatif. C'est tout un monde à soulever : il est trop lourd pour mes forces, il est aussi trop vaste pour que je songe à y pénétrer. De toutes ces difficultés je conclus, — c'est ma petite contribution, mes amis, à vos savantes recherches sur les degrés de la pensée, — qu'on pourrait à bon droit placer à un rang supérieur, peut-être même au premier rang, les pensées d'où qu'elles viennent, — car elles ne sont pas plus rares chez les poètes et les historiens que chez les orateurs, les moralistes et les philosophes, — qui font beaucoup penser, comme celle des deux vers de Malherbe, les pensées qui nous découvrent de vastes horizons, qui élèvent nos âmes, en étendant à l'infini et en élevant nos propres pensées.

— Accordé, reprit Aderer, accordé à l'unanimité des voix. Mais nous avons beau monter, mes amis, ajouter les degrés aux degrés, et Dieu sait si nous sommes au terme, je commence à ne plus voir nettement le but que je me croyais sûr d'atteindre, ni comment nous ferons de la pensée, même la plus haute, l'élément principal de la beauté dans les Lettres et dans les Arts : la route ne s'éclaire plus pour moi que de vacillantes lueurs. Tenez, mes amis, nous sommes trop purement, trop uniquement des littérateurs pour sortir seuls de ces difficultés : il nous faudrait le secours des philosophes, à supposer qu'ils y voient plus clair que nous. Nous jugeons du beau par une sorte d'intuition, par je ne sais quel instinct, primitif comme tous les instincts, mais développé chez nous par de nombreuses comparaisons. De même nous apprécions la valeur des pensées, le plus ou moins de substance et de vérité qu'elles contiennent par je ne sais quelle règle intérieure qui nous dicte nos jugements, mais sans nous en révéler le dernier pourquoi.

Nous répétons avec Boileau :

Rien n'est beau que le vrai, le vrai seul est aimable ;

mais le vrai n'est pas, dans notre siècle d'interminables polémiques, de continuels dissentiments sur tous les sujets, aussi facile à découvrir que le sage Nicolas paraît le croire. Même il n'est pas rare que le goût aille d'un côté et le jugement de l'autre, que le premier soit pur et délicat, le second faux ou flottant. Le divorce entre eux n'a jamais été si fréquent que de nos jours ; Voltaire en a donné, au siècle dernier, non pas le premier mais le plus éclatant exemple : on ne compte plus ses imitateurs et ses disciples. Vous souvient-il de notre professeur de rhétorique au Lycée Louis-le-Grand, du plus jeune, s'entend, car nous en avions deux, un pour la classe du matin, un pour celle du soir. Il ne tarissait pas d'éloges et il variait à l'infini les formes de la plus sincère admiration pour l'œuvre entière, surtout pour la langue de Bossuet. Dieu sait pourtant s'il partageait le moins du monde les convictions et les sentiments dont l'expression le ravissait !

Nous témoignâmes, d'un signe de tête, que nous en avions gardé le souvenir. Aderer continua :

— Il n'importe : cette idée de l'ordre hiérarchique me plaît, et elle me revient souvent à l'esprit. Elle a du bon, elle a du vrai, et si nous n'en avons extrait qu'une partie de ce qu'elle contient, c'est, je persiste à le croire, parce que nous sommes trop exclusivement des littérateurs. Voyons : peut-être que si nous nous tournions maintenant du côté de l'art où la pensée, c'est Lecœur qui l'affirmait tout à l'heure, tient une si grande place, nous serions plus heureux, et nos recherches aboutiraient à un résultat de quelque valeur. Qu'en pensez-vous, mes amis ? Évidemment Lecœur n'a pas parlé à la légère. Enfant de Paris, il en a fréquenté de bonne heure et durant de longues années les Musées, les Galeries, les Monuments, les Expositions : il a tout ce qu'il faut pour nous instruire. Pour nous, au point de vue de l'art, je devrais peut-être ne parler qu'en mon nom, *nos numerus sumus*, comme dit Horace; nous ne voyons les choses qu'à la surface, en passant. *Nos parents ne nous ont pas fait instruire,* et nous-mêmes nous avons eu le tort de ne pas suppléer, dans la suite, par des études personnelles, à la regrettable insuffisance de notre première éducation.

La plaisanterie d'Aderer n'était pas certes bien mordante, et Lecœur entendait fort bien la plaisanterie. Il se contenta de répondre :

— Lecœur n'est non plus que vous, en fait d'art, un connaisseur, un critique habile, un délicat : il appartient, lui aussi, au *mutum pecus*. Tant pis pour vous, si vous comptez sur le secours de ses lumières : vous demeurerez dans la nuit la plus obscure, si vous n'en avez pas d'autres pour vous éclairer. Tout au plus pourrait-il, si vous y tenez absolument, vous faire part non de ses jugements, il n'a pas le droit d'en prononcer, mais de ses impressions, de ce qu'il a vu, remarqué, senti, dans ses fréquentes visites aux monuments et aux Musées de la capitale....

Nous répondîmes que cela nous suffirait à la rigueur, mais que nous ne perdions pas l'espoir d'en entendre davantage. Lecœur reprit :

— Et d'abord, je vous l'avouerai, dût cet aveu

vous surprendre et vous scandaliser, un de mes grands plaisirs dans la visite des Musées c'est d'observer ceux qui s'y trouvent avec moi, et de saisir au vol quelques parcelles de leurs conversations. On se lasse d'analyser et d'admirer pour son propre compte ; c'est un repos pour l'esprit de découvrir, rien qu'en écoutant les paroles, et aussi en observant le jeu des physionomies, sous combien de formes peut se produire l'admiration d'autrui, à quelles sources diverses elle s'alimente, quels degrés elle peut parcourir, depuis le béat étonnement ou le regard indéchiffrable qui n'est souvent qu'inintelligent, jusqu'à l'émotion voisine de l'extase. Vous ne me croiriez pas, si je vous disais que le plus grand nombre des visiteurs, bourgeois, paysans, ouvriers, provinciaux, Parisiens, ne dépassent pas la surface des œuvres les plus parfaites, s'en tiennent à ce que j'appellerai les avant-coureurs, les préliminaires de la beauté : coloris, surtout s'il est brillant, personnages, attitudes, mouvements, vêtements, détails de toute sorte, même les plus infimes. Il n'est pas rare que sur ces dehors même ils fassent tout haut des réflexions qui ne sont pas sans à-propos, qu'ils signalent des fautes dont ni moi, ni bien d'autres encore ne nous étions aperçus. Mais tout cela est pour la surface des choses, et seule aussi c'est la surface de l'âme qui est touchée : leur admiration, fût-elle bruyante, expansive à l'excès, n'est pas profonde, et la trace s'en effacera bientôt.

Je ne parle que pour mémoire de quelques soi-disant connaisseurs dont le bavardage m'importune, sans m'éclairer. Leur admiration, quand ils daignent admirer, ce qui n'est pas si fréquent, est tout entière en formules convenues, en louanges banales, en affirmations tranchantes : cela ne sort pas de l'âme et ne procède pas du sentiment de la vraie beauté. Les entendre, ou lire un feuilleton musical, c'est à peu près la même chose pour ce qui en reste et pour le profit. Toutefois parmi eux, comme parmi la plèbe des visiteurs, les nuances sont infinies, les degrés innombrables, et notre collègue de philosophie trouverait là, pour sa théorie de l'ordre hiérarchique, des exemples à ne savoir lesquels choisir, tellement le beau, en chaque œuvre d'art, offre des points de vue différents dans sa réelle unité, tellement les aptitudes sont diverses pour le discerner, et la route est longue qui conduit au terme, les uns s'arrêtant plus tôt, les autres plus tard, et un petit nombre ayant seul le bonheur de l'atteindre. Encore faut-il, entre ces derniers, distinguer ceux auxquels une longue et forte attention est pour cela nécessaire, dont le visage ne s'anime que lentement, à mesure que la révélation de la beauté devient plus pressante, et ceux dont les traits s'illuminent presque aussitôt, dont les yeux tantôt s'enflamment, tantôt semblent prêts à laisser échapper des larmes. J'aimais à contempler ces élus de la beauté : plusieurs d'entre eux, à en juger par certains signes extérieurs, m'ont paru appartenir aux classes moyennes et même inférieures de la société. Les belles âmes, droites, pures, favorisées d'un don naturel, disposées d'ailleurs, par l'habitude de la prière et du recueillement, à sentir avec plus de promptitude et de vivacité les beautés de la nature et de l'art, y sont moins rares qu'on ne l'imagine.

Et maintenant faut-il vous dire ce qu'à mon tour j'ai ressenti en présence des chefs-d'œuvre de l'art, de la peinture surtout, dans nos riches Musées du Louvre et du Luxembourg, dans quelques Musées de province, à Lille, à Lyon, à Montpellier, quand le soin de nos affaires (il faisait allusion à une courte, mais pénible période de sa vie), m'y conduisait durant les quatre années qui se sont écoulées entre la fin de mes études classiques et mon entrée à l'École normale. Faut-il vous dire les sensations, les sentiments, les pensées qui se succédaient rapidement en moi, dont j'ai réussi, à force d'attention et en les comparant entre elles un assez grand nombre de fois, à démêler enfin la confusion, à découvrir même, mais peut-être ai-je tort de le croire, ce que les philosophes appelleraient sans doute leur *processus* ou leur loi. J'ai moins d'ambition pour ces mouvements de mon esprit, je devrais dire de mon âme entière : je me borne à constater qu'ils suivaient une marche assez régulière, malgré quelques déviations sans importance et sans durée. Mais ce récit n'aurait pour vous, mes amis, qu'un médiocre intérêt : vous n'y trouveriez, je le crains, que peu de plaisir, et encore moins de profit.

Tel n'était point notre sentiment : nous le fîmes entendre à Lecœur avec tant d'instance et de sincérité qu'il consentit à nous satisfaire. Seulement il serait très bref, et il nous priait de le rappeler aussitôt à l'ordre, s'il lui arrivait de s'égarer dans des digressions ou des détails inutiles. Le lieu d'ailleurs était, pour nous comme pour lui, très favorable à cette exposition sommaire.

II

Nous avions, en effet, à sa demande, quitté les rives de l'Yon, que les pluies des jours précédents avaient un peu détrempées, et nous nous reposions sur un terrain sec et assez élevé, au pied des chênes dont les lignes régulières, séparées entre elles à une courte distance par des herbages ou des champs cultivés forment, par leur succession ininterrompue, l'immense Bocage vendéen. On dirait, chaque vingt pas tout au plus, la lisière d'un bois qui se dérobe aussitôt et ment à sa promesse renouvelée bientôt par une autre lisière suivie de la même déception : le tout à l'infini avec beaucoup de fraîche verdure et de douce mélancolie.

— Ce qui, reprit le disciple de Malherbe, devenu, pour un instant, maître d'esthétique, ne manque jamais de se produire en moi à la vue d'un vrai chef-d'œuvre et après quelques instants d'attention, c'est un sentiment vif et confus, je l'appellerai, si vous y consentez, une soudaine et agréable intuition du beau dont les éléments ne se distinguent pas encore les uns des autres, mais qui n'en agit pas moins sur mon âme avec une force irrésistible. Sans doute c'est la Beauté elle-même, dont, au premier coup d'œil j'ai reconnu la présence ; c'est elle qui s'impose à moi en vertu de ses rapports secrets avec l'âme humaine, mais sans me révéler ce qu'elle est, ni les raisons de sa toute-puissance, ni celles de ma soumission d'ailleurs volontaire et pleine de charme. Je ne sais quelle pensée d'une nature toute spéciale semble jaillir de la forme sensible où il lui a plu de s'envelopper. Elle n'a pas assurément la précision de nos pensées ordinaires les plus parlantes, les mieux circonscrites, mais, en revanche, elle possède le mystérieux attrait qu'elles n'ont pas. Elle va droit à mon âme sans le secours des mots et elle s'en rend aussitôt maîtresse.

— ADERER. — Enfin, voilà la pensée qui entre en scène : il n'était que temps.

— LECOEUR. — Elle n'en sortira plus dans le peu qu'il me reste à vous dire.

Ce qui précède était pour le premier regard, pour une sorte de synthèse aussitôt embrassée dans son unité et sa variété encore un peu confuses, dans son mélange de lumière et d'ombre : l'analyse, c'est sa place et son droit, ne tarde pas à lui succéder. Mais ici nous cessons d'être deux seulement en scène : le tableau, plus rarement la statue ou le groupe de statues et moi ; un troisième acteur apparaît.

— ADERER. — Et ce troisième acteur s'appelle ?

— LECOEUR. — L'artiste, l'auteur lui-même de l'œuvre. Pour démêler, en effet, chacun des points de vue particuliers dont se compose l'unité totale, pour discerner et sentir la nuance de sa beauté, je m'aperçus de bonne heure qu'il était nécessaire de remonter à la pensée première qui a conçu, puis ordonné, qui s'est incarnée, en se divisant, dans chaque détail un peu important, qui s'est concentrée et comme résumée dans l'ensemble. A quel point, avec quelles additions et quelles diminutions cette pensée pénètre la mienne, s'unit à la mienne, devient la mienne, sans cesser d'être celle de l'artiste, voilà ce qu'il n'est pas toujours facile d'apprécier, surtout pour certaines intentions dont il a trop bien gardé le secret. Peu à peu cependant du sein de ces pensées particulières se dégage plus claire, plus précise, j'ajoute aussitôt comme il est vrai, plus belle, plus attrayante, la pensée maîtresse, celle qui constitue l'unité de l'œuvre, celle qui m'était d'abord apparue dans une sorte de mystérieux nuage à travers lequel je la devinais : je la vois maintenant sans intermédiaire, directement, face à face.

— Aderer. — Il semblait tout à l'heure que nous aurions quelque peine à découvrir où réside la pensée dans une œuvre d'art, et, voilà que, grâce à notre ami, nous lui avons trouvé trois, peut-être même quatre places bien distinctes. Elle apparaît d'abord à l'état confus, plus tard, et c'est la seconde place, à l'état de clarté parfaite. Elle est, cela va de soi, dans l'âme de l'artiste d'où elle passe plus ou moins entière ou endommagée dans celle de l'amateur : où n'est-elle pas? Mais si nous savons maintenant où la trouver, il nous reste à connaître en quoi elle consiste, si elle diffère peu ou beaucoup de la pensée telle qu'on la voit chez les orateurs, les poètes, les historiens, les philosophes, et plus que tout cela, pour revenir à notre point de départ, comment elle est chez tous, artistes, écrivains, l'élément principal de la beauté.

J'entends déjà notre ami, — qu'il me permette de parler un instant en son nom, — nous répondre que le mot *pensée* est très large, très ample, qu'il comporte les acceptions, les nuances les plus diverses. Il invoquera le témoignage de Descartes qui l'applique, — mon voisin le philosophe m'en faisait récemment souvenir — à peu près à tous les actes importants de l'âme humaine.

Il ajoutera que la pensée, dans les œuvres de l'art, ne se sépare point des couleurs, des formes, des sons qui lui donnent son relief et son éclat, comme les images, les figures, les périodes nombreuses ou habilement coupées entrent, pour une part, dans la valeur de la pensée chez les plus grands écrivains. Ceux-ci disent ou peuvent dire avec la dernière précision tout ce qu'ils ont dans l'esprit, ils épuisent leur sujet. On n'a presque plus rien à penser, quand on les a lus : il reste tout à penser, ou du moins on a mille choses à penser en présence ou à l'audition d'un chef-d'œuvre de l'art, monument, tableau, statue, symphonie. Est-ce donc un signe de faiblesse, ou n'est-ce pas plutôt une réelle supériorité de ne pas tout dire, d'éveiller la pensée, de suggérer des pensées nouvelles, en nombre, pour ainsi dire, infini, et ne faut-il pas pour cela penser soi-même avec une réelle puissance? Quel artiste s'est jamais plaint qu'on l'ait trop bien compris, mieux compris qu'il ne s'était compris lui-même, que prophète inspiré il n'ait pas su dire avec la dernière exactitude, et que pourtant il ait fait deviner aux autres tout ce que renfermait l'inspiration d'en haut ! Enfin notre ami ne manquera pas, ce sera sa péroraison et son triomphe, d'ajouter que si la pensée ne se dégage pas toujours de l'œuvre d'art avec une clarté suprême, le mystère a bien, lui aussi, son charme, son irrésistible attrait pour les âmes éprises de l'idéal, de cet idéal qui nous fuit d'une fuite éternelle....

Aderer aurait sans doute continué, avec la vivacité qui lui était propre, à nous dire ce que lui suggérait non pas une connaissance approfondie des arts et de leurs procédés, il en savait à peine les premiers éléments, mais une heureuse et riche nature, un amour inné du beau dans toutes ses manifestations, amour qu'il a légué trop jeune, et, je le crains, pour principal héritage, à sa nombreuse famille[1]. J'eus la malheureuse idée de l'interrompre par une observation qui pouvait, sans inconvénient, être remise à plus tard.

— Je voudrais bien savoir ce que Lecœur pense de l'*invention* chez les artistes, et quelle place elle tient selon lui dans l'ordre de la pensée, car l'invention suppose un travail de l'esprit quelquefois très long, très compliqué, et comme un flux et reflux de pensées provisoires qui se succèdent, s'opposent, se complètent, pour aboutir à la pensée définitive, celle qui présidera à l'exécution de l'œuvre, en ordonnera les parties et fera concourir à une même fin tous les détails. N'est-elle pas, chez eux, inférieure à l'invention telle qu'on la voit dans les productions des grands poètes, les vrais créateurs dans l'ordre de la pensée ? Je sais qu'on accorde aussi ce don merveilleux du génie créateur à d'illustres musiciens, mais j'ignore à quel point on a raison de le faire. Je n'ai rien, absolument rien de ce qu'il faudrait pour me prononcer sur un point aussi délicat.

— *Inventer, créer,* répondit Lecœur, termes bien ambitieux pour notre faiblesse, mais qui,

[1] Celle-ci très digne, elle le prouve à l'heure présente, de le cultiver comme il n'a pas eu lui-même le loisir de le faire. Aderer, alors professeur de rhétorique au lycée Condorcet, a succombé à un mal soudain, en juillet 1886.

s'ils ne renferment pas tout ce qu'on y voudrait mettre, font voir du moins jusqu'où s'élèvent nos espérances, où tendent nos aspirations, et que rien de fini ne peut les satisfaire. — *Inventer, créer....* reprit-il avec lenteur, mais il y a du divin dans ces deux mots, et ce n'est pas sans d'extrêmes réserves qu'on peut les appliquer aux œuvres de l'homme les plus parfaites ! Qu'il y ait de ce divin qui nous dépasse infiniment comme une parcelle, comme une étincelle dans les vrais, les immortels chefs-d'œuvre de l'art ou des Lettres, je le crois fermement, et c'est à sa présence qu'ils doivent d'être des chefs-d'œuvre. Mais, en toute vérité et sincérité, dans le plus grand nombre des cas, *ordonner* serait bien, il me semble, le mot propre, le mot qui suffirait, ordonner dont notre Labruyère a dit, s'il m'en souvient bien, qu'ordonner c'est encore penser. Je ne vois pas sous ce rapport, et à égalité de talent, que les artistes soient inférieurs aux écrivains les plus renommés. Sans doute ils sont obligés d'emprunter les sujets de leurs compositions à l'histoire ou à la légende, mais les poètes font-ils autre chose, et créent-ils de toutes pièces les événements et les personnages ? Sans doute aussi ils sont plus rarement heureux, quand ils remplacent l'histoire par l'allégorie, les faits par les symboles, mais on en pourrait dire autant de leurs émules avec lesquels ils rivalisent de talent, de goût, de jugement, dans l'art de faire servir une habile disposition à la clarté et à la force de la pensée.

— Prenez garde, dis-je à Lecœur, de mécontenter à la fois peintres, poètes, musiciens, sculpteurs, architectes, et, qui sait, les historiens, les philosophes, les métaphysiciens surtout, si vous réduisez les créations dont ils sont si fiers, sur lesquelles ils fondent leurs espérances de gloire et d'immortalité, à n'être, en somme, que d'heureuses combinaisons. Vous les condamneriez par le même arrêt à n'avoir jamais que du talent, et c'en serait fait pour toujours du génie : il serait banni de ce monde, si vous refusiez à quelques hommes supérieurs le pouvoir de créer. Ni les langues de tous les peuples, ni l'esprit humain dont elles sont les interprètes ne consentiront jamais à cette suppression.

Il est vrai que vous nous avez parlé d'une parcelle du divin qui pénétrant, on ne sait par quelles voies, dans les œuvres du talent les élèverait au degré éminent de la beauté ; d'une étincelle du divin qui rien qu'en les touchant en ferait des œuvres divines où la pensée apparaîtrait dans toute sa grandeur, où la beauté brillerait de tout son éclat. Mais n'est-ce pas mettre de nouveau à la fin ce qui était déjà au commencement, je veux dire le mystère. Car qui nous dira ce qu'est en soi cette étincelle, de quel foyer elle s'est élancée, pour que la pensée jaillisse à son contact aussi belle que riche et puissante? Nous avions au début, c'est Lecœur qui nous l'a rappelé fort à propos, au premier coup d'œil, comme un sentiment confus, mais déjà très vif de la beauté : le voilà qui se retrouve à la fin, en présence du même chef-d'œuvre, après quelques instants de sérieuse attention, plus conscient de lui-même, plus intelligent des rapports, des nuances, de l'harmonie, de l'unité, mais, en réalité, toujours aussi mystérieux. Avons-nous entendu le dernier mot de la pensée et de la beauté? Savons-nous le dernier pourquoi de leur intimité aussi parfaite qu'elle demeure, jusqu'à présent du moins, insondable? Je ne le crois pas.

— Pour sûr ce n'est pas la musique qui protestera, reprit Aderer, car elle est, pour moi du moins, entièrement mystérieuse, du commencement à la fin, de la première à la dernière note de ses harmonies et de ses mélodies les plus vantées, quand elles ne sont pas toutefois un simple accompagnement de la langue parlée. Contradiction inexplicable, problème insoluble : plus elles sont belles, plus elles m'émeuvent, et moins aisément je démêle ce qu'elles veulent ou paraissent vouloir me faire entendre. Plus elles me suggèrent de pensées, et moins je suis attentif à la pensée qu'elles expriment. Elles éveillent dans mon âme je ne sais quels échos que l'éloquence la plus parfaite, la plus vibrante, n'arracherait pas à leur silence. Elles lui disent des choses qui la touchent, qui la ravissent parfois, sans qu'elle les comprenne. Il faut bien qu'il y ait dans ses chefs-d'œuvre un vrai trésor de pensées, puisqu'elles font apparaître dans mon esprit tant d'idées, tant de pensées qui sortent je ne sais d'où ; mais ces idées, ces pensées, elles ne se laissent pas si aisément saisir ; elles ne permettent pas qu'on les fixe, qu'on leur donne la précision des pensées exprimées par le commun langage.

Oppositions, contradictions, obscurités, mystère que tout cela ! Oui mystère, c'est le dernier mot, et je n'en sais point d'autre pour clore une discussion qui nous a valu plus de clartés que de lumières. Je reconnais sans doute, je vois de mieux en mieux que la pensée a des degrés en nombre infini, depuis la plus vulgaire jusqu'à la plus sublime, depuis la plus pauvre jusqu'à la plus riche ; qu'à son degré supérieur, fût-elle alors nettement circonscrite, clairement exprimée comme les Lettres en ont le privilège, ou bien enveloppée comme c'est celui des arts, correspond un degré supérieur de la beauté : le comment de tout cela je l'ignore. Je constate aussi qu'à un premier sentiment vif et confus du beau se joint dans mon âme, en présence d'une œuvre vraiment belle, une pensée de même nature, ample et confuse, et qu'après une sérieuse analyse de ses éléments, quand le beau me ravit par son éclat sans nuage, si la confusion a disparu c'est le mystère qui la remplace. Et en tout cela ce que je connais le mieux, comme disait Socrate, c'est mon ignorance. D'un seul mot : je vois les faits, je les décompose, je ne découvre pas le principe et les origines.

— Et moi pas davantage, ajouta Lecœur, et *puisqu'en ce dédale ma raison perdue ne se retrouve pas,* je me résignerai, sans trop de peine, à jouir des choses que je désespère de comprendre. La Vierge de Murillo continuera, quand j'aurai le bonheur de la contempler de nouveau dans le *Salon carré*, à remplir mon âme d'une joie pure ; l'œuvre profane et l'œuvre religieuse de Lesueur à y faire naître des sentiments très différents, mais également agréables, sans que je m'arrête à en pénétrer les dernières raisons. Raphaël trop rare au Louvre, Rubens trop riche, Rembrandt trop sombre de couleur, si toutefois ce n'est pas le temps et la médiocrité de la matière qui lui ont valu ce mauvais renom, continueront de m'attirer, de me passionner, sans que les primitifs cessent, à leur tour, de me charmer par la profondeur et la vérité de l'expression, par leur candeur et leur naïveté. J'aimerai tout en eux jusqu'aux imperfections d'un art qui s'essayait, et n'en atteignait pas moins du premier coup les sommets. Gluck, Beethoven, Mozart, Rossini, Berlioz me raviront par les choses très différentes qu'ils disent à mon âme et que mon âme entend, sans que ma raison raisonnante se les explique mieux que par le passé. Je me laisserai, en entrant à Notre-Dame de Paris, envahir par le sentiment tout spontané, tout-puissant de la grandeur, de la majesté ; dans la Sainte-Chapelle par celui de la grâce, sans m'inquiéter pour quelles causes voilées à mes regards, à la sortie de ces édifices élevés par la foi de nos pères, cette grandeur, cette majesté, cette grâce, par la vertu de la divine étincelle, m'apparaissent plus imposantes ou plus séduisantes :

> Il n'est faiblesse égale à nos infirmités ;
> Nos plus sages discours ne sont que vanités[1].

Je n'en excepte pas les miens, bien que tout à l'heure je vous aie parlé en toute franchise et dit ce que je pensais, ce que je sentais, mais sans aller, j'en conviens, jusqu'au fin du fin, jusqu'au

[1] Malherbe, *Stances*, paraphrase du psaume VIII.

fond du fond des choses, et surtout sans y prétendre.

— Et moi, dit Aderer, je ne renonce pas à sortir de mon ignorance, à pousser plus avant, à dépasser de si peu que ce soit le point où nous nous sommes arrêtés. C'est chose décidée, je m'en entretiendrai, dès ce soir, avec mon ami et mon voisin, le philosophe.

III

Le philosophe n'était pas si loin : il conversait paisiblement à cette heure-là même, sous les ormeaux[1] de la grande place, avec un de ses collègues, et plus qu'un collègue, un ami véritable. Le professeur d'histoire. M. Félix Robiou[2], passait déjà et à juste titre pour un érudit, un savant, dont le seul tort, à ces débuts de sa carrière avait été d'embrasser trop d'études différentes, histoire, lettres, philosophie, philologie, archéologie. Plus tard l'Égypte, ses antiquités,

[1] Remplacés aujourd'hui par des platanes.

[2] M. Félix Robiou, plus tard professeur d'histoire à la Faculté des Lettres de Rennes, membre correspondant de l'Institut, mort en 1894.

ses dynasties, sa religion primitive surtout, devinrent l'objet préféré de ses consciencieuses recherches ; elles lui ont valu dans le monde savant une réputation méritée. Pour le moment, il donnait tous ses soins à un *Essai sur l'histoire de la Littérature et des Mœurs*[1] durant la première moitié du XVIIe siècle. Nous le soupçonnions d'avoir communiqué sa passion pour les poètes de cette période, pour Malherbe surtout, à notre ami Lecœur. Peut-être même lui avait-il suggéré le dessein d'y chercher un sujet de thèse française. Lecœur est mort, hélas ! sans avoir pu réaliser ce projet, ni aucun de ceux qu'il avait formés et qu'il était si digne de mener à bonne fin. Il s'est éteint il y a six ans à peine, après la carrière la plus honorablement remplie, mais la plus semée d'épreuves, dans un petit village des environs de Paris, seul, sans famille, tous les siens l'ayant précédé dans la tombe, sans qu'aucun de nous fût informé de son état et pût l'assister à ses derniers moments.

D'abord suppléant de son prédécesseur, M. Mordret[2], le professeur de philosophie lui avait

[1] Paris, Douniol, — rue de Tournon, — 1858, — 1 vol. in-8°, 675 pages.

[2] Eugène Mordret, mort à Évreux, sa ville natale, à l'âge de vingt-cinq ans, auteur de *Récits poétiques* (jan-

succédé dans son titre, quand ce jeune maître doublé d'un gracieux et délicat poète eût été ravi, par une mort prématurée, à la philosophie et plus encore aux Lettres françaises. Atteint lui-même d'un mal intérieur dont les médecins

vier 1856) : Louarn, L'An Mil, Galatée, Nicolas Flamel, Marguerite.....

Nous empruntons à l'*An Mil* les vers suivants :

OGER

Tu pleures, ma Bertha, sous les coups du tonnerre !
Tu pleures l'univers que Dieu livre au tombeau !
Bertha, ne sais-tu pas que le gai renouveau
Partout vient resplendir et chanter sur la terre ;
Que la plaine sourit sous la chaude lumière
Comme une châtelaine en son riche manteau ;
Que le monde joyeux reverdit dans sa force,
Que le sol fécondé s'ouvre aux germes éclos,
Que la main du bon Dieu fait déborder à flots
Les rayons dans les cieux, la sève sous l'écorce,
Et l'ivresse de vivre au cœur des animaux ?
Est-ce donc pour la mort et pour la sépulture
Que le flanc vigoureux de la riche Nature
Palpite éblouissant de vie et de couleur ;
Qu'une race d'oiseaux croît sous l'ample verdure ;
Que mille êtres naissants poussent un long murmure
Dans les bois chevelus et les plaines en fleur ?
Ah ! devant l'herbe tendre et la pousse nouvelle,
Devant le froment vert dont l'épi va s'ouvrir,
En face des buissons qui viennent de fleurir,
En face du chevreau qui sautille et qui bêle,
Bertha, ne sens-tu pas que la Nature est belle,
Que la Nature est jeune et ne veut pas mourir ?

n'avaient pu déterminer la nature, mais où il y avait, paraît-il, plus de souffrance que de sérieux danger, il lui devait peut-être, avec ses habitudes de réflexion, son goût décidé pour la solitude. C'était un méditatif plutôt qu'un érudit, et s'il avait d'abord beaucoup étudié dans les livres, c'est en lui-même et dans la Nature, c'est aussi dans l'observation des autres hommes qu'il cherchait à accroître et à contrôler ses acquisitions antérieures. L'histoire aussi l'attirait, et il avait trouvé dans son ami, M. Félix Robiou, comme une Encyclopédie vivante, une source inépuisable d'utiles renseignements sur les sujets les plus divers.

Au point le plus élevé de la ville, sur un plateau qui en forme la partie centrale, se développe la belle et vaste place d'où sortent, comme d'un tronc unique, les quatre grandes routes qui, coupant en ligne droite le Bocage vendéen, se dirigent sur Nantes, Saumur, La Rochelle, les Sables-d'Olonne. Quatre allées d'arbres pleins de vigueur, riches d'ombrage, bordent les quatre côtés de la place : au milieu se dresse la statue équestre de Napoléon Ier[1] qui, de ce point cul-

[1] Œuvre très remarquable du Comte de Nieuwerkerke, inaugurée le 20 août 1854. Le piédestal fort beau, mais fort simple, est en granit bleu du pays dont le poli rivalise avec celui du marbre.

minant, et d'un geste dominateur, semble imposer au Bocage, après ses batailles sanglantes et ses luttes héroïques, une paix éternelle. C'est sous les ormes magnifiques dont le feuillage se maintient, à peine légèrement touché par quelques gelées précoces, jusqu'au milieu de décembre, que les deux amis continuaient leur paisible causerie : l'arrivée inattendue des trois promeneurs vint y apporter un aliment nouveau.

— Nous ne pouvions souhaiter mieux, nous dit Aderer, et mon avis est qu'avant de rentrer à la maison nous interrogions le philosophe, et lui demandions sa pensée sur les questions que nous venons de débattre ensemble.

L'avis d'Aderer répondait trop bien à notre propre désir pour ne pas recevoir un accueil favorable. Mis au courant par un exposé rapide notre collègue s'excusa d'abord sur la difficulté du sujet auquel il avait bien songé quelquefois, mais sans l'approfondir. On n'improvise pas, ajouta-t-il, la solution d'un problème aussi difficile, aussi délicat, que celui des rapports de la beauté et de la pensée ; surtout on ne saurait trouver en un instant toutes les raisons qui pourraient la faire accepter, et encore moins les exposer dans l'ordre le plus convenable.

— Nous fût-elle donnée au hasard de l'improvisation, répondit Aderer, sans suite, à bâtons rompus, peu nous importe. Mettez-nous le fil d'Ariane en mains, et nous tâcherons avec son secours, — voilà que Malherbe s'empare aussi de moi, — de sortir de ce dédale où se perdait notre pensée. Nous ne sommes pas ici à l'École Normale ou à la Sorbonne, pour y entendre une savante Leçon, mais en pleines vacances de Saint-Jeudi. Prenez même que ces ombrages sont ceux de l'Académie, et que nous devisons tout en marchant, au courant de notre esprit, de choses que nous connaissons un peu, mais que, sans les posséder encore parfaitement, vous devez, par profession et par vocation, savoir mieux que nous. Voyons : cette théorie de l'ordre hiérarchique dont vous m'avez plus d'une fois déjà exposé le principe, ne pourrait-elle nous être de quelque utilité, nous mettre sur la voie..... ?

— Peut-être cette voie serait-elle un peu longue. Toutefois, en abrégeant.....

— ADERER. — En abrégeant ou en allongeant, comme il vous plaira : rien ne nous presse, le temps est beau, le lieu agréable, et la journée n'est pas encore à son terme. D'ailleurs une fois sur la bonne route nous marcherons tout seuls, et nous sommes capables, si vous allez trop lentement, de vous abandonner, passé le premier kilomètre.

— C'est qu'il faudra vous dire d'abord au moins un mot des éléments de la pensée tels qu'on les trouve unis, plus ou moins étroitement il est vrai, dans toute pensée insignifiante ou pleine de sens, superficielle ou profonde, vraie ou fausse, je veux dire les *éléments primitifs et les éléments acquis.*

— ADERER. — Encore une théorie avec laquelle je suis heureux de faire connaissance.

— Les derniers, comme leur nom l'indique assez, nous viennent par la voie des sens, de l'expérience, par les leçons de nos parents, l'enseignement des maîtres, le simple spectacle ou l'étude de la Nature, les conversations, les livres, les journaux, par mille canaux dont vous me dispenserez de vous dire les noms. Les autres, les éléments primitifs les ont précédés dans notre âme où on dirait qu'ils les attendent pour se montrer au jour en leur compagnie.

— ADERER. — Je ne vois pas, pour moi, où se recruterait une troisième classe, à supposer qu'un ami trop ardent du nombre impair, *numero deus impare gaudet,* voulût absolument l'établir.

— C'est qu'en effet, continua le philosophe complétant sa pensée, ils sont les uns et les autres plongés dans une sorte d'obscurité, les éléments primitifs au moins autant que les éléments acquis, jusqu'au moment où ils se rencontrent. La lumière naît de leur contact, comme l'étincelle jaillit à celui de deux électricités contraires. Les animaux, même les moins imparfaits, ne possèdent dans le principe intérieur qui les anime, ni éléments primitifs de pensée, ni rien qui en approche. Ils demeurent, du premier au dernier jour de leur existence, au point de vue de l'intelligence, dans une sorte de nuit. Ils ne connaissent pas les choses qu'ils voient; encore moins se connaissent-ils eux-mêmes.

Inutile sans doute de vous dire le rôle que joue le *langage* dans cette rencontre des éléments primitifs et des éléments acquis. Il est décisif, et ne le cède qu'à celui de la puissance intérieure, *vis cogitandi,* conférée à notre âme dès l'origine, et sous l'impulsion, la direction de laquelle s'accomplissent ces combinaisons en nombre incalculable, et d'une variété infinie, qu'on nomme des pensées. Il est bien entendu, en effet, que nous abrégeons, que nous coupons au court.....

— ADERER. — Pas au point toutefois de ne désigner aucun de ces merveilleux éléments primitifs dont je soupçonnais vaguement en moi la présence, mais rien de plus. Vous ne leur avez pas, je l'espère, donné de ces vilains noms, abstraits, rébarbatifs, qui font fuir les gens et éteignent aussitôt en eux tout désir de philosopher.

— La philosophie, pour être digne de son nom, doit être comprise par tous les esprits cultivés, et parler comme ils parlent. On a droit de se méfier d'elle, quand elle crée des termes auxquels rien de précis ne correspond dans cette âme humaine qui sans doute se connaît bien un peu, depuis tant de siècles qu'elle s'étudie. Notre nation est une de celles qui ont poussé le plus loin cette étude de l'âme, et notre langue en a noté d'un signe exact, à mesure qu'elles se produisaient, toutes les découvertes. A part la Logique qui a son dialecte propre, sa terminologie spéciale, tout ce que l'âme sait et saura jamais sur elle-même d'important, d'essentiel, a, depuis la fin du XVIIe siècle, son expression correspondante dans le commun langage. Il est même assez riche pour répondre, au moins dans ce qu'elles ont de philosophique, aux demandes sans cesse renouvelées des sciences de la Nature, les mots *association, progrès, transformisme, évolution, cellule* et le reste ne datant point d'hier, ou n'étant que les dérivés de termes anciens et depuis longtemps employés. Nouvelle preuve d'ailleurs qu'aucune explication de l'univers physique lui-même, si originale qu'elle nous paraisse au premier abord, et tant de faits nouveaux qu'elle invoque en sa faveur, ne peut se produire sans le concours de l'âme humaine et de la connaissance qu'elle a prise depuis longtemps de ses opérations les plus apparentes et de ses faits les plus intimes. Elle y a, pourrait-on dire, trouvé les germes de toutes les théories et de tous les systèmes. Si on nous le conteste, comme il arrivera certainement, du moins avouera-t-on qu'elle ne peut rien ordonner, rien enchaîner, rien évaluer, rien comprendre, si elle n'adapte aux faits qui lui viennent par la voie de l'expérience, ce qu'elle porte dès l'origine en elle, je veux dire les idées *d'ordre, d'unité, de grandeur, de force* dont *la liberté* est le degré le plus haut.....

— ADERER. — Permettez-moi de saluer au passage ces anciennes, ces très anciennes connaissances. Je suis heureux d'apprendre, par la voix d'un maître en philosophie, qu'elles ont tant de pouvoir et un rôle si considérable. Au fond, je n'en doutais guère, mais je n'y avais jamais sérieusement réfléchi. Il faut bien d'ailleurs, puisqu'elles sont de vieilles connaissances, qu'elles se soient dès longtemps mêlées à ma vie, et que je les retrouve partout, dans les Lettres, dans les arts, dans les sciences, dans la politique, dans l'histoire, dans les plus simples faits de l'existence de chaque jour. Le reste change, passe, se transforme, disparaît : elles, au contraire, ont le privilège de demeurer toujours les mêmes. Je craignais que vous ne me nommiez à leur place les catégories, les concepts.....

— Catégories et concepts répondent à d'autres points de vue de l'analyse de la pensée.

— ADERER. — J'aime mieux celui que vous nous proposez, et n'ai que faire des autres. Mais tout cela ne me dit pas comment la pensée est, dans l'art, un des éléments, peut-être même l'élément principal de la beauté.

— Nous y arrivons, du moins je l'espère : d'ailleurs vous jugerez. Ne remarquez-vous point que ces mots, ordre, unité, grandeur, liberté.....

— ADERER. — Tenez-vous-en à ceux-là, je vous prie : c'est assez, peut-être même est-ce déjà beaucoup pour mes aptitudes philosophiques.

— .....Appellent ceux de variété, de richesse même (sans lesquels, pour le dire en passant et ne donner que ce seul exemple, l'unité ne serait ni possible, ni intelligible), de rapports, de proportions, d'aisance, de grâce, de finesse, d'énergie, de délicatesse, d'harmonie.....

— ADERER. — Nous voilà, cette fois, en plein domaine de la beauté.

— Pas encore : le temple est tout proche, mais nous sommes seulement arrivés sur le seuil ; car si les idées exprimées par ces mots sont nécessaires à la formation de la pensée, si elles y pénètrent selon que les temps et les circonstances les appellent, il en résulte qu'elles y font entrer avec elles non pas immédiatement une réalité, — vous vous pressiez trop de l'affirmer, — tout au moins comme un germe de beauté. Pour qu'il se développe, au lieu de se dessécher ou de mourir, comme il arrive trop souvent, deux choses surtout sont nécessaires : premièrement, que l'objet auquel s'applique la pensée ne soit ni trop infime, ni grossier ; en second lieu, que l'esprit où elle se forme soit doué d'une certaine aptitude à saisir le beau, à le sentir, aptitude infiniment variable que la culture peut perfectionner, mais dont la nature fait presque tous les frais.

— ADERER. — Cette disposition naturelle ne pourrions-nous la nommer du nom que tout le monde lui donne : *l'amour du beau ?*

— Enfin, s'écria Lecœur, voilà que l'amour apparaît : je l'attendais, je l'avoue, avec impatience. C'est pour moi, dans toutes ces questions de beau, d'art, et même de pensée, le mot propre, décisif, celui qui explique tout, bien qu'il soit difficile de l'expliquer lui-même. C'est lui, c'est cet amour du beau qui me conduit si souvent dans les Musées, plus rarement dans les concerts ; c'est lui qui m'y fait demeurer des heures entières, qui m'empêche de sentir la fatigue, qui m'attache par je ne sais quels liens mystérieux à tel poète plutôt qu'à tel autre, à certaines toiles, à certaines statues, à certaines symphonies, qui me détourne de quelques autres fort vantées, mais où il ne m'attire point. C'est encore lui qui me ravit soudain devant le chef-d'œuvre que je contemple pour la première fois, avant même que j'aie pu discerner les éléments primitifs de sa beauté, ceux que vous unissez étroitement, mon cher philosophe, — j'irais, moi, hardiment jusqu'à les confondre, — aux éléments primitifs de la pensée.

— Qu'y a-t-il là de surprenant ? interrompit avec moins d'animation, mais non moins de conviction, Félix Robiou, plus préoccupé des leçons de l'histoire que des beautés de l'art. Est-ce que ce même amour de l'ordre, de l'unité, de la grandeur, de la liberté, ne se montre pas à l'origine de toutes les sociétés ? N'est-ce pas lui qui détermine, avec le concours du temps, les progrès de toutes les nations, quelle que soit d'ailleurs la forme de leur gouvernement, dans tous les siècles, sur tous les points du globe[1] ! Les peuples

[1] Voir au livre l'*Histoire et la Pensée*, l'*Introduction* et le chapitre intitulé : *Les éléments de la pensée et les éléments de l'histoire :* ébauche d'une théorie fondée à la fois sur l'étude des faits et sur l'analyse de la pensée, théorie que les historiens, de concert avec les philosophes, achèveront quelque jour. L'Église n'a pas moins qu'eux sa part légitime et son intérêt dans ce travail dont nous ne croyons pas avoir exagéré l'importance.

modernes n'ont pas, sous ce rapport, d'autres lois que celles des peuples de l'antiquité, et on les voit de nos jours, vingt siècles après Jésus-Christ, comme on les voyait déjà vingt siècles avant l'ère chrétienne, s'organiser par l'amour de l'ordre, se fortifier, se concentrer par celui de l'unité, se développer, s'étendre, au point d'envahir les territoires les uns des autres, par l'amour primitif, instinctif, tout-puissant de la grandeur. Donnez à l'un d'entre eux un climat plus rude, un sol moins fertile, des voisins plus riches et plus faibles; joignez-y deux ou trois hommes d'énergie et de génie, — il n'en faut pas davantage, — voilà un grand peuple en voie de se former, qui s'assujettira peu à peu les tribus, les cités, les États d'ordre inférieur et deviendra tôt ou tard un grand Empire.

— Nouvelle et belle occasion, ajouta sans retard Aderer, d'appliquer ici, à l'histoire elle-même, aux États, depuis les plus petits jusqu'aux plus grands, le principe de l'ordre hiérarchique. Il me semble qu'il y trouve parfaitement sa place. Qu'en pensez-vous, mon cher philosophe ?

— Je pense que notre ami Aderer dit vrai, et même que la réalité dépasse sa pensée, qu'elle s'étend beaucoup plus loin et à infiniment plus de choses qu'il ne l'imagine.

Les degrés inférieurs, subordonnés, infimes de la *grandeur* par exemple (n'envisageons qu'elle seule en ce moment, laissons, pour un instant, les autres éléments primitifs de la pensée dont la loi après tout n'est pas différente), il les trouverait, en effet, sans peine, dans la *quantité* abstraite ou concrète, dans les *nombres* ou dans les *atomes,* ces éléments discutés mais indispensables du monde matériel, aux combinaisons desquels la *quantité préside,* si c'est là le mot propre, et où la variété des corps, de leurs formes, de leurs propriétés, dépend pour une grande part, sinon pour le tout, de la variété des proportions dans lesquelles ils s'associent.

N'en est-il pas de même, — si nous sortons des profondeurs de la matière, sans sortir que fort peu de celles de l'inconnu et même du mystère, — pour les couleurs et les sons où la quantité et l'ordre des mouvements, où le rythme inséparable de la quantité sont, après la volonté du Créateur, les éléments nécessaires, les causes secondes des phénomènes les plus réguliers et les plus merveilleux ? Voici enfin qu'avec eux la vie humaine devient possible, qu'avec les couleurs et les sons entrent, dans le monde physique, les éléments sensibles de la beauté.

Si vous n'étiez pas des lettrés, si vous n'aviez pas lu, relu, admiré je ne dis point le *Timée* et quelques autres dialogues de Platon, mais au moins le *Songe de Scipion*, je pourrais, à l'occasion de la lumière et des sons, vous dire un mot de l'harmonie des sphères célestes, des ravissants concerts qui charment au dire de Scipion, dans les *templa serena*, les loisirs un peu bien longs des héros et des sages. Je me borne à vous rappeler que le spectacle incomparable du ciel étoilé, ou, plus près de nous, des grands corps qui gravitent autour de notre soleil, de notre soleil lui-même, emprunte sa beauté à deux sources : la grandeur matérielle qui est en lui et repose tout entière sur la quantité, c'est-à-dire sur le nombre et l'ordre des mouvements, en second lieu la grandeur que notre âme y ajoute d'elle-même, de son propre fonds, grandeur de pensée cette fois qui lui permet d'entendre l'autre, de l'admirer, mais aussi de la dépasser infiniment, en s'élevant, à partir d'elle, comme d'un solide piédestal, jusqu'à l'idée de la grandeur morale.

Le professeur de philosophie s'animait peu à peu ; nous l'écoutions en silence, avec beaucoup d'attention.

— Tenez, nous dit-il, jetez les yeux sur cette statue équestre de Napoléon Ier qui domine la place, la ville, le pays. C'est celle d'un homme qui a remporté de nombreuses, d'éclatantes victoires, rendu d'immenses services, accompli de grandes choses.

— Mais aussi, interrompit Félix Robiou, commis bien des fautes, on peut dire sans crainte de se tromper, bien des crimes, sans parler des petitesses.....

— Eh bien! reprit le philosophe, fautes, crimes, violences, petitesses demeurent, mais s'effacent, s'oublient, comme absorbés dans un souvenir unique, dans un trait ineffaçable, celui de la grandeur, non plus de la grandeur toujours bornée du monde physique, essayât-on d'ajouter sans fin les univers aux univers, mais de la grandeur propre à la créature raisonnable et libre : et celle-là n'a, pour ainsi dire, pas de limites. De degrés en degrés elle va s'élevant et se purifiant ; elle peut atteindre à des hauteurs où l'art renonce souvent à la suivre et à l'exprimer par des formes sensibles. Pour cette fois et à ce degré moyen de la grandeur morale, l'âme de l'artiste a pu s'unir étroitement à l'âme de son héros, se pénétrer de sa grandeur et faire une œuvre dont on peut critiquer certains détails, mais où la grandeur domine et concentre en elle tous les autres caractères. Elle en est si bien la pensée dominante qu'à sa vue notre âme, à son tour, se remplit aussitôt de la pensée et du sentiment de la grandeur et s'éprend de sa beauté.

— En sorte, interrompit Aderer, que c'est la pensée grande qui a fait l'œuvre grande et l'a marquée de son sceau. Mais, d'autre part, cette grandeur qui, dans l'œuvre du statuaire, domine et résume tous les autres caractères, qui fait même oublier ses imperfections, est aussi l'élément principal de sa beauté. Voilà donc, dans notre statue, la pensée et la beauté unies par des liens étroits, indissolubles. Pour ma part, je n'en demandais pas davantage.

— Elles le sont, croyez-le bien, mon cher Aderer, ajouta le philosophe, dans tous les chefs-d'œuvre de l'art, et la lumière qui est à l'origine dans notre âme, où elle a précédé et plus tard fera valoir les acquisitions de l'expérience, peut seule, en se répandant sur la matière par le travail du talent ou l'inspiration du génie, y faire resplendir la beauté.

Mais pour en revenir à notre statue, et à la grandeur telle que l'artiste l'a conçue et réalisée, en s'éclairant de l'histoire, en s'inspirant de la grandeur propre à son héros, elle n'est, après tout, dans l'ordre hiérarchique des grandeurs, — Aderer sera satisfait de me voir revenir à mon principe de l'ordre hiérarchique, — qu'un intermédiaire entre les grandeurs de l'univers physique et les grandeurs plus hautes du monde moral envisagé dans sa perfection. C'est déjà sans doute une grandeur de pensée, une grandeur d'intelligence, une grandeur de volonté ; ce n'est pas celle de la volonté constamment et résolument droite avec le secours de Dieu ; ce n'est pas la grandeur de la vertu, comme a été celle de Charlemagne, mieux encore, dans un Empire assurément moins vaste, mais avec plus de perfection, celle de Saint-Louis.

— Charlemagne ! Saint-Louis ! Nous aurions bien le droit, ajoutai-je à mon tour, de nous en tenir à ces deux grands noms, à ces deux exemples presque uniques dans l'histoire et de clore par eux la discussion. Ἀνάγκη στῆναι, comme dit Aristote : il faut bien finir, il faut s'arrêter, se reposer.

— Excellente traduction, reprit le philosophe, surtout après la fatigue d'une longue promenade, mais quelque peu détournée du sens qu'Aristote donne à ces deux mots d'une si grande profondeur : permettez-moi de le leur restituer.

Oui, on ne saurait, à l'infini, remonter dans la série croissante des nombres et des formes, il faut s'arrêter à l'éternel Géomètre ; — dans la chaîne des causes secondes, il faut s'arrêter à la Cause première. On ne saurait, à l'infini, s'élever dans la suite des moteurs, il faut s'arrêter à un Moteur premier qui, sans être mû, meuve tout le reste. On ne peut faire dépendre à l'infini les êtres contingents les uns des autres, il faut s'arrêter à un Être nécessaire. — Et pour en venir à l'objet même de notre discussion, aux rapports de la pensée et de la beauté dans les œuvres de l'art, il faut, dans l'ordre de la pensée, s'arrêter enfin à la *Pensée de la pensée,* comme la nomme le même Aristote; dans celui du beau, à la Beauté infinie, parfaite, source unique de toutes les beautés, sous toutes les formes, à tous les degrés. — Et pour descendre à quelque chose de plus particulier, à la *grandeur,* un des éléments primitifs tout à la fois de la pensée et de la beauté, la loi n'est pas moins absolue de s'arrêter, après avoir gravi tous les degrés dans le monde physique et le monde moral, à la seule grandeur véritable, à celle du Dieu infiniment grand, source de toute grandeur dans le monde de la matière et dans celui de l'esprit.

— Cette fois, s'empressa d'ajouter Lecœur, c'est encore Malherbe qui aura le droit, et nul de vous ne le lui déniera, de dire le dernier mot[1] :

Certes, je ne puis faire en ce ravissement
Que rappeler mon âme, et dire bassement :
O Sagesse éternelle, en merveilles féconde,
Mon Dieu, mon Créateur !
Que ta magnificence étonne tout le monde,
Et que le ciel est bas au prix de ta hauteur !

[1] Malherbe, *Stances,* l. II, paraphrase du psaume VIII.

Nous convînmes, avant de nous séparer, que ces vers, le dernier surtout, n'étaient pas, en effet, sans à-propos, et que leur beauté vient surtout de la grande pensée qu'ils expriment.

VII

LETTRES ET JOURNAL

DE LA MONTAGNE

VII

LETTRES ET JOURNAL

DE LA MONTAGNE

PREMIÈRE LETTRE

A MAURICE MONCHARVILLE,

Lus-la-Croix-Haute, 21 août 1893.

Mon cher Maurice,

Vous avez lu, bien lu, n'est-ce pas? Vous n'êtes pas le jouet de quelque illusion. Relisez encore, pour vous assurer que c'est vraiment de Lus que cette lettre est datée, de Lus où je suis arrivé hier au soir, où je compte demeurer deux ou trois jours peut-être davantage, si le temps me favorise et si la compagnie m'agrée. — « Lus, dites-vous...., mais il me semble que je connais ce village de la montagne : certainement c'est à Lus que nous avons passé ensemble deux ou trois heures, il y a de cela dix ans, à peine un peu moins. Mon père dont la santé était encore florissante nous accompagnait ; ç'a été une de ses dernières courses, une de ses dernières joies : si court qu'ait été le voyage, il a laissé dans mon âme une trace ineffaçable ». — Et dans la mienne aussi, mon cher Maurice, d'abord parce que le souvenir de l'ami que j'ai perdu y est attaché ; ensuite, parce que pour la première fois je me rapprochais de la haute montagne. Mais l'ai-je bien vue ce jour-là ? Peut-on, en quelques heures, découvrir la beauté qui lui est propre, la sentir, l'aimer ? D'autant, vous vous le rappelez sans doute, que c'était une de ces rares, mais délicieuses journées de printemps où les différences de la montagne à la plaine sont moins accusées, où la Nature longtemps endormie se réveille en tous lieux avec les mêmes sourires, remplit l'air des mêmes parfums et l'âme des mêmes illusions d'un printemps éternel.

Mais enfin pour quelles causes ai-je rompu avec des habitudes vieilles de vingt ans? Pourquoi au lieu du voyage traditionnel au pays natal par lequel s'ouvraient sans exception nos vacances, suis-je allé seul m'installer dans un village où n'abordent, m'a-t-on dit, que de rares touristes, encore est-ce seulement depuis l'ouverture du chemin de fer de Grenoble à Gap et à Marseille? Les raisons ne manquent pas : les voici à la file les unes des autres, et sans aucune prétention à les classer par ordre de mérite.

D'abord rien ne repose, me répétaient à l'envi amis et médecins, des fatigues occasionnées par le travail intellectuel, accrues par l'excessive chaleur qui règne à Grenoble en cette saison, comme l'air vif et pur de la montagne, à une altitude, il est vrai, qui ne doit pas être inférieure à mille mètres. Je vous dirai dans quelques jours ce qu'il en est et ce qu'il en faut penser. Ensuite je n'ai vu jusqu'à présent de la montagne que ses tout premiers abords, je n'ai pas été au delà du simple coup d'œil. L'excursion classique à la Grande-Chartreuse m'en a donné le goût, m'a inspiré le désir de la mieux connaître : rien de plus. On la fait, en général, trop rapidement, en un jour, en quelques heures; on sait d'avance tout ce que l'on verra; point d'imprévu qui saisisse l'âme et y laisse une trace. Pour dire toute la vérité, la visite du couvent aussi complète qu'on la peut faire, un quart d'heure de conversation avec le Révérend Père Général, Religieux d'autant d'esprit que de charité, d'une verve méridionale qu'on n'oublie pas, ont laissé dans ma mémoire un souvenir si net, si vivant, qu'il a fait tort aux autres impressions. Il en reste peu de chose et il ne serait que temps de les renouveler.

Enfin vous vous rappelez, mon cher Maurice, car, à cette époque, vous habitiez encore Grenoble, les controverses qu'a soulevées le talent d'abord si discuté de l'abbé Guétal, le peintre de la montagne. Tandis que les uns l'admiraient sans réserve, les autres, en plus petit nombre il est vrai, le dépréciaient de la manière la plus injuste, la plus déraisonnable. Quelques-uns même soutenaient qu'entre la montagne et l'art aucune alliance n'est possible; que, parvînt-on à la peindre dans sa réalité, dans sa vérité, cette vérité n'aurait pour le gros du public, à plus forte raison pour les délicats, aucun attrait qui pût les séduire. Je ne suis pas jusqu'à présent de leur avis, et le *Lac de l'Échauda* honoré des suffrages du Jury de l'Exposition parisienne, quelques autres toiles de notre abbé ont fait sur moi une vive impression. Toutefois le débat est encore ouvert, l'information se continue, et c'est une des causes qui me conduisent à la montagne.

Et à ce propos, rendez-moi donc un service, si toutefois il est en votre pouvoir; *ôtez-moi d'un doute* qui revient de temps à autre chagriner mon esprit. Vous aimez, je le sais, la musique plus que toute chose au monde après votre famille et vos amis; vous faites avec une correction irréprochable et beaucoup d'entrain votre partie dans un concert d'amateurs; c'est chez vous plus qu'un goût, c'est une passion d'entendre interpréter par des artistes de talent les œuvres des grands maîtres. Je vous ai vu plus d'une fois courir à Lyon et sacrifier le sommeil de toute une nuit, pour jouir de votre plaisir favori, sans manquer à vos devoirs ordinaires[1]. Entre nous et en toute franchise, dites-moi, est-ce la toute-puissance du beau qui par elle-même et par elle seule vous attirait, vous entraînait par son charme vainqueur ? L'opinion commune, cette opinion commune à laquelle Madame de Sévigné estime que les plus habiles, les plus indépendants ne laissent pas de faire de certains sacrifices, n'y avait-elle pas, de temps à autre, une toute petite part? Pourquoi des hommes de goût, de l'oreille la plus fine, du sens le plus délicat, ont-ils condamné, proscrit dans leur nouveauté des œuvres pour lesquelles nos contemporains n'ont pas maintenant assez d'admiration, qu'ils proclament des œuvres

[1] M. Maurice Moncharville a quitté la finance pour se donner tout entier à l'étude du Droit international. Il a publié récemment : *Monaco, Son Histoire diplomatique, La question des Jeux*. Paris, A. Pedone, 1898.

divines? Pourquoi Berlioz et Wagner, par exemple, ont-ils dû subir de si rudes assauts et des dédains prolongés, avant d'être acceptés, compris et plus tard enfin comblés de louanges? Le même sort n'a-t-il pas été trop souvent celui de quelques grands peintres, surtout des peintres de la Nature? Mais pourquoi parler des musiciens et des peintres, quand des poètes illustres ont dû conquérir, au prix des luttes les plus pénibles, la place que dès les premiers jours leurs chefs-d'œuvre auraient dû leur faire accorder?

Peut-être ces choses étranges s'expliquent-elles par des raisons que vous savez et que j'ignore. En attendant que vous me les disiez, il me souvient qu'on a nommé dès longtemps l'opinion *la Reine du Monde*. Sans doute elle ne crée pas plus le beau qu'elle ne saurait le détruire, mais elle peut, c'est le triste privilège de sa royauté, se placer entre nous et lui, comme un corps opaque peut nous priver, pour quelques instants, des rayons et de la chaleur du soleil. Mais alors le beau n'a donc pas les irrésistibles attraits qu'on lui suppose et qui ne laisseraient pas, s'ils existaient réellement, au doute, à l'hésitation le temps de se produire? L'esprit le mieux doué, le plus cultivé n'est donc pas toujours un juge sans appel? Le bon vouloir, c'est-à-dire le vouloir exempt de passion, de préjugés, de préventions, aurait donc sa place et peut-être la première, dans l'appréciation du vrai, du beau, comme il l'a déjà, sans contestation possible, dans l'exercice de la vertu? Ou bien, y a-t-il, entre les beautés de la Nature et celles de l'Art, une différence assez profonde pour que les premières s'imposent à nous et se fassent apprécier dès l'abord, à première vue, tandis que les autres exigeraient un certain travail d'adaptation et d'accoutumance? D'autre part d'où vient l'opinion? Comment se forme-t-elle? Qui la fausse? Qui la redresse? Pouvons-nous espérer que les Orientaux, Hindous, Chinois, Japonais, dont l'opinion sur ce qui est vraiment beau s'accorde rarement avec la nôtre, s'accommoderont un jour à notre manière de penser, de sentir, et qu'ils goûteront les chefs-d'œuvre de nos arts comme nous les comprenons et les goûtons nous-mêmes? En serait-il du Beau, dans son immuable et éternelle splendeur, comme du soleil qui ne change point et qui pourtant n'éclaire pas et n'échauffe pas dans la même mesure, au même degré, toutes les contrées de la terre? Les résistances que celui-ci trouve dans l'âpreté du climat, les aspérités et les déclivités du sol, dans mille obstacles connus et inconnus, est-ce que l'autre ne les rencontre pas dans la routine, les préjugés, l'ignorance qui sont bien les déclivités de notre esprit, les âpretés et les aspérités de nos âmes?

Que de questions, mon cher Maurice, et comme je vous entends d'ici, dans le fond de votre âme, reprocher aux philosophes cette manie qui les possède de multiplier à tout propos les doutes, les points d'interrogation, de troubler l'innocent plaisir de ceux qui jouissent des belles choses, des belles œuvres, sans s'inquiéter si quelques esprits mal faits en discutent la valeur ! Avouez toutefois que ces philosophes si mal avisés, ces gêneurs, ces trouble-fête ne font après tout que constater ce qui existe, les incertitudes du public, les variations de ses goûts, ses caprices, parfois même le désarroi des connaisseurs. Sont-ils d'ailleurs si répréhensibles de nous faire souvenir que si le Beau est en soi absolu, parfaitement un, il ne nous livre jamais que la moindre partie de lui-même, que les plus heureux génies ne lui ravissent jamais qu'un faible rayon de sa gloire? Sont-ils si coupables de constater qu'à leur tour les plus habiles connaisseurs ne pénètrent que lentement dans l'œuvre du génie; que leurs sens et leur âme ont besoin de s'accoutumer aux révélations successives de la beauté; si mal venus d'affirmer enfin qu'après un temps plus ou moins long, quand la Reine du monde a épuisé ses caprices, le vrai Beau dans les Lettres et les Arts est toujours assuré de la dernière victoire.

Nous voilà bien loin, mon cher ami, de la montagne et des causes qui m'y appelaient. Aussi bien vous en ai-je déjà nommé deux ou trois : finissons par celle qui m'a peut-être décidé. Je dis peut-être, car je ne sais, en vérité, laquelle a été la plus forte, ou si elles n'ont pas agi toutes ensemble sur ma volonté. Des lettres inédites[1] de Lamennais m'ont été communiquées il y a quelques jours, lettres fort intéressantes, car elles nous découvrent un nouvel aspect de ce caractère si complexe dont elles aideront à retrouver l'unité, si l'on consent un jour à les faire paraître. J'en extrais textuellement et sans commentaire ce qui se rapporte à la Montagne.

Et d'abord, dans une lettre datée de Genève, 10 avril 1824 :

« J'ai ici dans le mont Môle un petit échantillon des montagnes que je trouverai plus loin. Cela ne m'a frappé en aucune façon, non plus que la chaîne du Jura qu'on découvre à peu de distance de la ville. Je ne sais où les voyageurs vont prendre toutes leurs admirations. On ne veut pas avoir perdu ses fatigues et ses frais de route; voilà, je crois, toute l'affaire. »

De Genève encore, quinze jours plus tard, à la date du 25 avril : « Quand j'aurai vu de près une

[1] Elles ont été publiées depuis lors par *La Quinzaine*, Numéro du 15 août 1896, et Numéros suivants.

bonne montagne ce sera bien assez; je ne tiens guère à cela. Ce sont les gouvernements, les institutions, les idées, les mœurs qui m'intéressent, et, sous ce rapport, j'espère que mon voyage ne sera pas perdu. Les anciens (du moins une certaine classe d'hommes) voyageaient plus que nous, et il est surprenant combien il nous disent peu de chose des lieux et de tout ce qui remplit les relations de nos voyageurs modernes; ce *matérialisme m'a toujours déplu souverainement.* » Notez, je vous prie, en passant, cette dernière ligne.

Je continue : « Dans ce temps-là, c'était l'intelligence qui voyageait ; Solon, Hérodote, Pythagore s'en allaient de temple en temple, s'enquérant de l'origine des peuples, de leurs lois et surtout des lois éternelles transmises par la tradition, et qui les ramenaient par mille routes à la divinité qui les manifesta primitivement à l'homme. Cela vaut bien, il me semble, les curieuses, les importantes, les magnifiques observations de nos savants sur les schistes, les quartz et les roches calcaires de première et de seconde formation. »

Voilà qui est net, précis, tranchant, ce qui ne veut pas dire vrai et surtout sans mélange d'erreur. Une chose au moins est désormais solidement établie, c'est que Lamennais n'est pour rien dans les récents et rapides progrès de la géologie ; c'est aussi que loin d'encourager les peintres de la montagne, il ne comprend même pas qu'on l'explore et qu'on l'admire. Produira-t-elle sur moi les mêmes impressions : c'est ce dont je doute, mais il faut s'en assurer. Est-il donc nécessaire, pour étudier avec fruit les institutions des peuples, leurs mœurs, leur religion, leurs lois, de ne jeter qu'un rapide coup d'œil sur la Nature qui leur a servi de théâtre, sur le milieu où elles se sont développées? Est-ce que celui-ci n'a pas avec celles-là les rapports les plus intimes? N'a-t-il pas influé sur leur formation, leur progrès, leur déclin ?

Voyons ce que nous dira la montagne, et si elle nous dit quelque chose qui en vaille la peine je vous l'écrirai, mon cher Maurice, ou bien je le noterai au jour le jour dans un journal dont je vous ferai part.

Bien affectueusement à vous.

C. C.

—×—

JOURNAL

Lus-la-Croix-Haute, 20 août 1893.

Arrivé à Lus-la-Croix-Haute à quatre heures du soir. Point de courrier : il ne se rend pas à la gare à tous les trains, mais on peut s'en passer. Le trajet est d'un quart d'heure, quand on le fait à pied; il serait de cinq ou six minutes en voiture. Encore est-il plus long que je ne m'étais figuré, on monte même quelque peu avant d'entrer au village : mes souvenirs déjà lointains m'avaient mal servi.

Courte promenade en attendant le dîner ou le souper, comme on voudra l'appeler, au delà du chemin de fer vers un hameau dont le nom m'échappe[1] : il y en a douze principaux autour du noyau central, et vingt-deux en tout. Celui-là bien exposé, bien abrité, possède quelques vignes et fait un peu de vendange; c'est une exception à ces hauteurs. Au delà le sentier assez raide monte rapidement, et conduit à un plateau et à quelques ruines, mais le temps me manque pour les visiter. Je reviens donc sur mes pas, et j'aperçois à l'horizon au delà de Lus et de la colline sur laquelle Lus est bâti, dans un ciel parfaitement pur, trois bras immenses se dressant, s'allongeant jusqu'à une hauteur incroyable. Spectacle d'autant plus saisissant que le sentier resserré à ce passage entre deux rochers qui le surplombent ne laisse apercevoir, dans un

[1] Il se nomme Lacaire.

cadre étroit, que le village assis sur sa colline, embrasé des feux du soleil couchant, et derrière lui, dans le ciel bleu qu'ils découpent violemment, ces trois géants d'un brun jaunâtre, sans arbres, sans verdure, sans la moindre trace de végétation. C'est mon premier tête-à-tête avec la montagne, et j'avoue qu'il a fait sur moi une vive impression. Il y entrait toutefois plus d'étonnement que de véritable admiration. L'étonnement est pour ce qu'on n'a jamais vu, surtout quand il dépasse la mesure ordinaire ; l'admiration est pour la vraie beauté. Croirait-on, sur son seul témoignage, le peintre qui reproduirait dans son exacte vérité le spectacle que je vis alors, je ne sais : du moins perdrait-il beaucoup à n'être pas regardé du point où il m'est apparu.

Au dîner abondamment servi, nous sommes en tout cinq ou six convives. Le percepteur du canton, jeune homme intelligent et très bien élevé, a parlé fort peu : il habite Lus depuis deux ans et doit se marier le mois prochain. Un maître de conférences de la Faculté des sciences de Lyon est, lui aussi, moins occupé de la conversation que de régler avec le maître de la maison les détails d'une excursion au Mont-Ferrand qu'ils doivent faire le lendemain, et qui remplira toute la journée. Il est arrivé ici dans un tel état d'anémie, à la suite d'excès de travail, qu'il ne pouvait faire vingt ou trente pas sans une extrême fatigue. L'air pur et léger de la montagne a si bien agi sur ce tempérament épuisé, mais sain, qu'il est capable après quinze jours de promenades d'abord très courtes, puis de plus en plus prolongées, de parcourir dans toutes les directions les montagnes voisines, exercice dont il ne se prive pas.

Un troisième convive demi-citadin, demi-paysan, n'est ici qu'en passant, c'est tout ce que j'ai pu deviner de lui; mais s'il est très réservé sur ses propres affaires, il s'occuperait volontiers de celles des autres; il poserait même des questions assez indiscrètes. A mon vis-à-vis, homme mûr, quarante ou quarante-cinq ans, à l'œil vif, à l'expression très sympathique, il fit à brûle-pourpoint sur la politique du jour, une question au moins inopportune : elle lui valut cette réponse faite d'un ton bref et sec : « Monsieur, je ne m'occupe pas de politique et ne lis aucun journal, je n'en ai pas le temps. Je respecte également tous les Ministères et tous les Ministres qui se succèdent au pouvoir; mais j'ignore leurs noms, crois à leur capacité, à leur bonne volonté, et laisse à d'autres le soin de discuter leurs actes. Mon Jardin botanique, mes cours, mes conférences, et de temps à autre quelques Mémoires à rédiger suffisent à remplir tous mes instants; il ne m'en reste pas pour m'occuper des affaires publiques. » — « Au moins, Monsieur, dis-je à mon tour, avec toute l'aménité dont j'étais capable, au moins faites-vous exception pour la période électorale, quand il s'agit de choisir vos représentants au Conseil général, à la Chambre des Députés, — j'allais dire au Sénat ; mais il est fort probable qu'étant simplement docteur et professeur dans une Faculté ou une Haute école, vous n'êtes pas électeur sénatorial. » — « Je ne le suis pas, en effet, me fut-il répondu avec autant de politesse que j'en avais mis dans ma demande, et n'aspire à faire partie d'aucun Conseil municipal, général, ou législatif. On ne fait bien qu'une chose, au moins quand on n'a qu'une santé ordinaire, et celle dont je suis chargé dépense toutes mes forces. Que chacun fasse le métier qu'il sait, et tout en ira mieux. Quant au choix d'un représentant, je connais mon devoir et n'ai garde d'y manquer. Je m'informe près de personnes en qui j'ai toute confiance quel est des candidats en présence le plus honnête, le plus intelligent, c'est-à-dire le plus capable de remplir son mandat, et je dépose, sans autre enquête, son nom dans l'urne. » — Cette réponse n'était point pour me déplaire, et nous nous en tînmes là sur le chapitre de la politique.

J'appris ensuite dans une trop courte conversation avec M. Z... (à mon regret il ne fait que passer à Lus, et il nous quitte par le premier train du matin) que dans la ville où il enseigne depuis plusieurs années, son principal délassement est de se retrouver avec quelques amis dans le salon d'une dame fort âgée, d'un esprit très fin, d'une extrême bonté, dont la mémoire est riche de souvenirs qu'elle sait semer à propos, plus soucieuse d'ailleurs d'exciter ou de ranimer la conversation que de la remplir elle-même. Heureuse ville, me dis-je, où il existe encore des salons devenus si rares ailleurs, où l'on sait écouter et ne parler qu'à son tour, où l'on parle d'autre chose que du prochain, et où la critique, en général peu bienveillante, de ses faits et gestes ne fait pas tous les frais de la conversation !

Mais plus heureuse encore notre chère France, si tous les citoyens se dirigeaient dans leurs votes par les principes de M. Z... ! Y a-t-il, en effet, axiome plus évident, règle plus sûre que celle de confier aux plus capables et aux plus honnêtes la direction de la chose publique ? Cette loi ne prime-t-elle pas toutes les autres ? N'est-elle pas la loi suprême du gouvernement représentatif, quelle qu'en soit d'ailleurs la forme particulière ? Joignons-y celle de ne faire que ce qu'on sait bien, de n'ambitionner que les emplois et les fonctions auxquels on s'est dès longtemps préparé, et qu'on peut convenablement remplir. Je ne pense pas que Platon dans sa *République* ait dit des choses plus sages, ni Aristote dans sa *Politique*, ni Montesquieu dans l'*Esprit des Lois*. En attendant que je m'en assure, une chose certaine, c'est que, grâce à cette heureuse rencontre, je n'ai pas perdu ma journée.

Lus, 21 août 1893.

Levé de bon matin au pressant appel du soleil qui pénètre dans ma petite chambre, je contemple de ma fenêtre le spectacle d'une Nature nouvelle pour mes yeux, nouvelle aussi pour mon âme. Les épithètes classiques qu'on applique aux paysages de la plaine n'auraient pas d'emploi ici, dans ce cadre de montagnes, ou n'en auraient que fort peu. *Gracieux, riant* y sont et n'y sont pas, ou plutôt y sont avec quelque chose qui les modifie, et que je sens mieux que je ne saurais le décrire. Il y a bien là-bas, à la limite des champs cultivés, à moins d'une demi-lieue, un filet d'eau dont on aimerait à faire un ruisseau paisible ; mais est-il aussi calme, aussi régulier dans ses habitudes que je l'imagine à distance ? Ses deux rives couvertes au large et au loin d'innombrables cailloux ne me disent rien de bon ; elles feraient plutôt deviner des emportements soudains, des violences passagères, mais redoutables. Il y a bien encore tout au fond du tableau, au delà du Buesch, c'est le nom du ruisseau, des bois épais qui semblent se prolonger sans fin, et, à la lisière des bois, avant d'y pénétrer, les deux ou trois hameaux du Trabuesch (les traces de l'idiome latin sont ici nombreuses) à demi cachés par les arbres et la verdure. Mais les montagnes sur lesquelles les bois s'étalent, ou qui servent de cadre au tableau, donnent à tous ces objets familiers un aspect qu'ils n'ont pas ailleurs.

Ces lignes, s'il m'arrive un jour de les relire, ranimeront-elles en moi les impressions, les sentiments que mon âme éprouve en présence de ce tableau d'une nature où s'unissent harmonieusement la grâce et la majesté ? Le parfum d'une rose a suffi souvent, au cœur de l'hiver, pour me faire respirer tous ceux du printemps ; celui d'une reine-marguerite, pour réveiller les sensations de l'automne à sa naissance. Ces lignes décolorées, refroidies, auraient-elles sur mon âme moins de pouvoir qu'une simple fleur ? Celle-ci me ferait retrouver et parcourir toute une suite d'impressions conservées dans je ne sais quel repli de mon âme, et la parole écrite n'en serait pas capable, ou ne le ferait que très imparfaitement ? A vrai dire, je le crains, mais je me borne à constater cette insuffisance plus que probable, sans chercher à me l'expliquer. En serait-il de même en présence d'une toile, d'un tableau, — je le suppose l'œuvre d'un très habile paysagiste, d'un Maître, — qui reproduirait avec une exactitude parfaite ce petit coin de la nature alpestre ? Je doute que sa vue fit renaitre tout ce que je sens, tout ce que je pense à l'heure présente ; mais, en revanche, pour compenser cette perte trop réelle, et, je le crains, irréparable, il y ajouterait le charme mélancolique du souvenir. C'est tristesse et joie tout ensemble de se rappeler le bien qu'on a perdu, le plaisir dont on a joui et qui n'est plus.

Mais trêve de réflexions : les occasions ne manqueront pas d'en faire de plus d'une sorte. Me voilà descendu de ma chambre, disposé à entreprendre une course matinale, si le mot n'est pas ambitieux pour une simple promenade aux abords du village. Tout le monde est levé à l'hôtel de la Poste exigu dans ses proportions, mais dont le patron et sa jeune femme aussi active qu'intelligente sont pleins de bonne volonté : c'est je crois leur principal, sinon leur unique capital ; ils le dépensent sans compter. On travaille ferme à la maison ; on se lève de bon matin, on se couche tard, et comme la clientèle ne manque pas, que Lus et son hôtel commencent d'avoir bon renom, il y a beaucoup à faire et pas de temps à perdre. Le long de la route que je suis au-dessus de l'église, dans les champs voisins, ce ne sont non plus que travailleurs à l'ouvrage ou s'y rendant, le hoyau ou la bêche sur l'épaule.

Je conviens qu'on travaille partout, dans tous les pays de l'Europe et du monde ; si je prétendais que le travail est une vertu spécialement française, je dirais ou j'écrirais une sottise. Il est certain pourtant qu'on travaille chez nous, surtout dans nos campagnes, avec une énergie, une constance qui ne se démentent jamais, si incertains que soient souvent les fruits de ce rude labeur. On n'épargne pas moins, et bien qu'il y ait, sous ce rapport, des indices peu rassurants, bien que le goût de luxe et de la vie facile fassent lentement, mais sûrement brèche à l'économie domestique, on continue d'épargner. Mais où vont, depuis quelques années surtout, ces épargnes dont la meilleure partie retournait autrefois à la terre qui les avait produites ? Trop souvent à des entreprises lointaines, hasardeuses, dont il reste quelque chose entre les mains de ceux qui, par leurs séduisantes promesses, ont abusé de la simplicité et de la bonne foi du paysan, rien ou presque rien, à l'heure fatale des liquidations, entre les mains du malheureux travailleur. On creuse avec son argent, des canaux, on bâtit des villes au milieu des déserts, on construit des chemins de fer dans tous les pays du monde, et on ne le rembourse même pas avec cette gloire dont il se contentait autrefois, et qu'il estimait une compensation suffisante, quand il envoyait ses enfants mourir pour l'honneur du drapeau sur tous les champs de bataille de l'Europe.

L'Économie politique, en grand honneur de nos jours, proclame, ce en quoi elle a parfaitement raison, que le travail et l'épargne sont les deux sources principales de la *richesse,* un vilain mot, soit dit en passant, mal sonnant, équivoque, qu'il faudrait remplacer par un autre traduisant avec fidélité l'*aurea mediocritas* d'Horace, mais il est encore à trouver. L'Économie politique devrait bien ajouter à ses utiles enseignements une suprême leçon : ce ne serait pas la moins importante. Au dernier chapitre de ses Traités élémentaires ou complets, on pourrait donner pour titre : *De l'usage des biens d'ici-bas,* ou même de *l'usage de la richesse,* pour ne pas rompre avec une habitude invétérée. A lui seul ce chapitre vaudrait tous les autres, dont plusieurs s'efforcent en vain de fixer et de régir des phénomènes qui ne cessent de se transformer. Il serait comme les deux premiers, *Du travail, de l'épargne,* sûrement, certainement scientifique, si la Morale est une science, opinion fort probable, puisqu'elle repose tout entière sur l'idée du Bien, laquelle à son tour n'a de réalité et d'autorité que par Dieu, Principe de tous les principes, Vérité d'où découlent toutes les vérités. L'Économie politique cesserait d'être une science bienfaisante si, après nous avoir enseigné de son mieux comment les nations deviennent riches, elle les laissait un jour, faute d'une dernière leçon, avec le regret d'avoir si mal usé de leurs richesses que non seulement elles les ont perdues, mais qu'elles se sont corrompues en les perdant.

Tout en me faisant à moi-même ces réflexions dont l'Économie politique n'aura rien à souffrir, et qui ne ralentiront pas ses progrès, je m'étais rapproché d'une plantation de sapins qui doit dater de quelques années à peine. Elle deviendra rapidement ce qu'elle n'est pas encore, un petit bois aussi agréable aux promeneurs que salutaire aux poumons délicats ; mais peut-être aussi qu'à cette époque son propriétaire l'entourera d'une barrière qui, pour le moment, et je m'en félicite, n'existe pas encore. J'use donc du libre accès qu'on veut bien m'accorder, et je passe près d'une heure à l'ombre du sapin le plus beau, le plus haut que je puis trouver, les yeux tournés, quand ils ne se ferment pas à demi sous l'influence du dieu du sommeil, vers le hameau que je visitais hier et vers les hauteurs qui le dominent.

Je ne sais comment le souvenir me vint alors d'une des premières lettres du roman de Werther que j'avais lue, relue dans ma jeunesse et qui a laissé je ne sais trop pourquoi, dans ma mémoire, une trace ineffaçable. L'activité féconde de la Nature, par une belle et tiède matinée de printemps, y est rendue avec une telle poésie, un tel charme de vérité, qu'on croit entendre, dans le sein de la terre, les germes briser leurs enveloppes ou s'épanouir au soleil, tandis qu'à sa surface, au milieu des herbes et des fleurs, le profond, l'harmonieux murmure de la vie universelle est comme une douce musique qui ravit l'âme et les sens. On deviendrait panthéiste à lire trop souvent, surtout dans la jeunesse, ces pages dangereuses, à s'abandonner à leurs molles séductions; l'intelligence y perdrait, sous l'énervante influence des sensations trop souvent répétées, sa vigueur et sa justesse. Absorbée, noyée dans la Nature, elle n'aurait plus la force de la dépasser, de s'élever plus haut qu'elle. Impuissants à concevoir un Dieu créateur, les poètes panthéistes (Gœthe est trop souvent de leur nombre, s'il n'est pas leur chef) dispersent dans le monde matériel les perfections dont ils ne sauraient supprimer l'idée. Ils voudraient lui donner tout ce qu'ils prennent à Dieu ; mais ils n'empêcheront jamais ceux dont la ferme raison domine l'enivrement passager de l'imagination et des sens, de remonter des beautés réelles, mais empruntées dont la Nature, et, à côté d'elle, la poésie et les arts leur offrent le délicieux spectacle, jusqu'à la Beauté suprême, immuable, éternelle, dont elles ne sont que les pâles reflets. Ce n'est pas non plus dans l'adoration de la Nature que le jeune Werther aurait puisé le courage qu'il n'a pas eu de résister à son premier chagrin d'amour. Ce Dieu fragile, indigent, n'a rien de lui-même et il ne peut rien pour ceux qui l'invoquent ; on se tue, comme il eut grand tort de le faire, quand on n'a pas d'autre appui..... Que de Werther, de nos jours, même parmi les enfants, auxquels souriaient la vie et la Nature, mais auxquels on n'a pas appris à voir Dieu dans la vie et dans la Nature !

Mais j'y songe : on m'a dit que le curé de Lus, parfois appelé, pour une cause ou pour une autre, dans un des nombreux hameaux de sa vaste paroisse, s'absente souvent dans l'après-midi ; hâtons-nous de nous rendre au presbytère après une courte station à l'église. Celle-ci est assez grande, assez bien entretenue, mais faiblement éclairée, mal pourvue d'ornements. La population est pourtant, au moins dans l'ensemble, religieuse, assidue aux offices ; elle aime son pasteur autant qu'elle en est aimée. C'est un homme d'âge mûr, simple et ouvert, sans aucune ambition et tout entier à ses devoirs de prêtre. Comme je louais devant lui le climat de Lus : il est, en effet, me dit-il, délicieux trois ou quatre mois de l'année, réserve faite des vents d'une violence extrême qui soufflent de temps à autre, même au cœur de l'été. Mais nos hivers sont froids, sont durs, sont interminables. La porte de l'église est, vous le voyez, à deux pas de la mienne ; eh bien, il me faut parfois de l'une à l'autre, non pas tracer, mais percer un chemin, tant la neige s'est élevée durant la nuit à une hauteur prodigieuse. Il est vrai qu'à ces tempêtes d'une durée de deux jours au plus, succèdent souvent des semaines entières d'un temps sec et d'un brillant soleil. Il ne fond pas la neige, mais elle se durcit peu à peu, et les chemins redeviennent praticables, faciles même.

L'entretien fut d'ailleurs plus court que je n'aurais désiré. M. le Curé part dans quelques instants; il se rend à la retraite qui réunit, pour quelques jours, au Grand Séminaire la moitié des ecclésiastiques du diocèse de Valence. Voilà donc un prêtre et un bon prêtre, reconnu tel par ses collègues et ses paroissiens, fidèle à toutes ses obligations de pasteur, à la messe qu'il célèbre tous les jours pieusement, avec préparation et action de grâces, au Bréviaire qu'il récite avec autant d'attention et de dévotion que le faisait, de son plein gré, le grand Corneille, à la visite des malades qu'il console et qu'il fortifie. Il prêche, fait le grand et le petit catéchisme, vient en aide de son mieux à toutes les infortunes; et ce prêtre fait, formé, consommé, se croit encore obligé de retremper dans une retraite de plusieurs jours sa foi et son zèle, et il ne demande pas à en être dispensé. Et l'Église, de son côté, lui en fera, pour ainsi dire, jusqu'au dernier jour, à lui et à ses collègues, une rigoureuse obligation ; et les évêques seront soumis à la même loi que leurs prêtres, et les cardinaux, les princes de l'Église, devront faire ce que font les prêtres et les évêques. Quelle profonde connaissance tout cela suppose de la nature humaine ! Quelle force pour une nation qui possède une telle hiérarchie soumise à cette rigoureuse discipline morale ! Y a-t-il ailleurs, dans ses corps constitués, avec des traditions aussi anciennes, aussi fidèlement observées, une règle aussi sage, aussi forte, aussi féconde en résultats d'une valeur sociale incomparable ? — Oui, peut-être, dans l'armée. — Mais le point de départ de l'armée, le principe de sa force ou de sa faiblesse, c'est le foyer domestique. En somme, elle vaudra toujours ce que vaut la famille, et la valeur morale de la famille dépend à son tour de la foi religieuse qui la pénètre, qui préside à l'église et à l'école, à l'éducation des enfants. C'est dans l'idée de Dieu, dans le sentiment de sa présence à notre vie tout entière que le respect prend sa source ; et celle-là tarie, on n'en fera pas jaillir d'autre. Que serait une famille, sans le respect des parents; une cité, sans le respect des magistrats ; une armée, sans le respect des chefs ? Quelle force, quelle résistance à toutes les épreuves dans cette ferme conviction que tout ne finit pas à la mort, et que la vie future a des récompenses de choix pour ceux qui se sacrifient au devoir et à la patrie !

— × —

JOURNAL *(Suite)*.

Lus, 21 août 1893.

Après-midi perdu : je l'ai cru d'abord, mais le profit s'est retrouvé tout à la fin Le ciel s'était couvert tandis que nous déjeunions : il ne m'a pas empêché, malgré de sérieuses menaces, de me diriger en compagnie d'un habitant du lieu, brave garçon qui veut bien me servir de guide, vers la Jarjatte, un des douze grands hameaux de Lus. C'est le plus éloigné et, assure-t-on, le plus beau : on en fait ici l'éloge comme d'un petit canton de la Provence perdu au cœur de la montagne. Évidemment l'on exagère, mais encore faut-il s'en assurer. Nous approchions du Buesch, qu'il faut, paraît-il, remonter ensuite l'espace de cinq ou six kilomètres, quand soudain, sans qu'un seul coup de tonnerre eût retenti, un nuage orageux crève au-dessus de nos têtes. Nous n'avons que le temps de nous réfugier dans une maison isolée, dont le rez-de-chaussée formé d'une seule pièce est assez vaste, mais sans autres meubles qu'un banc de bois dressé le long du mur qui n'est pas même blanchi. Pas d'habitants, et rien n'indique que la maison en ait jamais eu : on a dû l'abandonner avant qu'elle fût achevée. Peut-être y a-t-il là-dessous quelque triste histoire dont je me retraçais mentalement les principales phases : projet dès longtemps caressé par un jeune ménage d'avoir sa maison à soi, achat du terrain, construction commencée, revers soudains, économies perdues ou dissipées, espérances déçues, abandon sans retour.

Deux bons vieillards qui semblaient être aussi deux bons amis, entrèrent au même instant, heureux comme nous de trouver un refuge contre l'averse qui redoublait de violence. Ils confirmèrent mes pressentiments, en y ajoutant des détails qui rendaient l'histoire de la maison moins triste que je ne l'avais supposée. Pour eux, ils vivaient petitement, paisiblement, des modestes revenus que leur avaient procurés de longues années d'un travail sans relâche. Tout leur plaisir, dans la belle saison (qu'en penseraient nos citadins toujours en quête de nouvelles distractions ?) est de parcourir ensemble les champs que plus jeunes ils ont arrosés de leurs sueurs, les prairies où les enfants de leurs enfants font à leur tour paître génisses et moutons. Ils se proposaient ce jour-là de franchir le Buesch, ce qui n'était pas bien difficile, et d'aller sur l'autre rive rendre visite à un ami du même âge qu'eux, mais moins solide sur ses jambes et moins vaillant.

Ils m'apprirent sur Lus et ses hameaux bien des choses que j'ignorais, et dont on ne m'avait rien dit à l'hôtel, pour la raison très simple que j'avais négligé de poser les questions auxquelles les deux vieillards s'empressèrent de répondre. Lus est situé aux extrêmes limites de la Drôme, et touche à la fois aux deux départements de l'Isère et des Hautes-Alpes. Peu de communes en France sont en état de faire à leurs habitants, riches ou pauvres, d'aussi grandes libéralités : bois de chauffage pour tout l'hiver, instruction gratuite bien avant que la loi l'eût décrétée, médecin payé par la commune, où il se rend deux fois par semaine, car son domicile est à Aspres-Veynes ; remèdes gratuits pour les pauvres : il est vrai qu'ils sont en petit nombre. Tous les dimanches, hiver comme été, les habitants des hameaux viennent à Lus pour assister aux offices, et quelques-uns y demeurent une bonne partie de la journée. Lus est leur centre, leur capitale, leur petit Marseille, car c'est au Midi que les filles du pays louent leurs services, et que les jeunes gens vont chercher du travail. On se dirige, comme il est naturel, où le Buesch porte ses eaux : on descend avec lui vers la Provence, et on y retrouve, avec le ciel bleu de la montagne, le chaud soleil dont elle est plus avare, le travail qu'elle ne peut donner à tous ses enfants. Ils y reviennent d'ailleurs, quand ils ont amassé un petit pécule, et bien peu la quittent sans une pensée de retour.

Deux fois ce maudit soleil se montra, comme pour nous narguer, car à peine avions-nous, sur sa promesse, fait trente ou quarante pas hors de notre asile, qu'il fallut le regagner au plus tôt sous les coups redoublés d'une nouvelle averse. A la troisième et plus sérieuse invitation qu'il nous adressa nous comprîmes, en consultant nos montres, qu'il était trop tard pour songer à la Jarjatte et nous reprîmes, sans nous hâter, le chemin de la capitale. Les deux vieillards firent de même ; ils remirent à demain la visite qu'ils avaient projeté de faire à leur ami.

*
* *

Le ciel est redevenu, un peu après quatre heures, aussi pur qu'il l'était avant cette pluie d'orage; la chaleur aussi est tombée. Je reprends, au sortir de l'auberge, après quelques instants de repos, le chemin que j'avais suivi le matin, et j'admire de nouveau, dans un jardin d'agrément attenant à une vaste et confortable demeure, le seul jardin[1] de cette sorte qui existe, je crois, à Lus, un beau cerisier tout couvert de fruits rouges et brillants. C'est à la fin de juillet que le grand marché aux cerises se tient dans un des hameaux du Trabuesch : le retard de toutes choses par rapport à la plaine est ici d'au moins un mois. Je laisse à ma droite le petit bois de sapins où j'ai rêvé il y a quelques heures, et peu à peu la montée assez douce me permet d'embrasser, à ma gauche, le cirque de Lus dans sa plus belle partie et les trois quarts au moins de son étendue. Fermé de tous côtés, il ne laisse, à la différence du Trièves son voisin, rien apercevoir au delà de ses limites nettement dessinées, sinon des forêts dont mon guide de ce matin, un peu brouillé, je

[1] Propriété de M. Laurens, ancien magistrat, maire de Lus.

crois, avec la géographie, affirmait qu'elles s'étendent, sans interruption, jusqu'à Turin, et les trois sommets[1] effilés, prodigieusement élancés qui m'avaient hier si vivement surpris par leurs formes étranges. Le sentier à peine tracé ne tarde pas à disparaître, et le tapis moelleux formé d'un nombre infini de petites fleurs aux formes et aux nuances les plus variées qui feraient la joie d'un botaniste, mais dont aucune, je l'avoue à ma grande honte, ne m'est connue, ce doux tapis est lui-même bientôt remplacé par de petits rochers qui tantôt viennent émerger juste à la surface du sol, et tantôt le dépassent quelque peu. C'est le prolongement de plus en plus raide, pierreux, aride, rocheux, de la hauteur sur laquelle le village de Lus est bâti, et qu'interrompt soudain un à-pic effrayant sur le Buesch dont les eaux se sont ouvert un étroit passage entre deux montagnes.

Avant d'atteindre à ce point extrême, j'avais trouvé à l'ombre d'un grand noisetier pauvre de fruits, riche de feuillage, sur un siège improvisé de pierres plates recueillies çà et là aux alentours, un abri fort agréable et comme un poste d'observation où la nouveauté, la sévère beauté du paysage qui se développait sous mes yeux ne

[1] Ils appartiennent au Dévoluy.

tardèrent pas à mettre ma pensée en mouvement. Le contraire m'était arrivé, il y a fort longtemps, à Cette, par une splendide matinée d'avril, sous un ciel sans nuages, en vue de la Méditerranée. Deux heures durant, sur le rocher qui la domine, au pied de la citadelle, je contemplai, sans me lasser, les flots tranquilles, le ciel qui semblait au loin se confondre avec eux, et sur les flots dont je devinais plutôt que je n'en percevais le murmure, tant il était faible et monotone, un paquebot qui s'éloignait lentement dans la direction de l'Espagne. Quelques voiles latines aussi paraissaient et disparaissaient, s'élevaient et s'abaissaient tour à tour d'un mouvement presque régulier, aux limites de l'horizon. Si faible qu'il fût, ce mouvement du dehors suffisait sans doute à éteindre ou à remplacer celui du dedans, et jamais peut-être mon âme, pourtant en parfaite possession d'elle-même, sans la moindre velléité de sommeil, n'avait été aussi absorbée par l'impression sensible, aussi vide de pensée.

La première qui, dans ce profond et favorable silence du cirque de Lus, me vint à l'esprit, c'est que la Nature est décidément d'une richesse inépuisable dans les spectacles qu'elle offre à nos regards, et qu'à une impression de beauté elle en fait sans cesse succéder une autre qui, sans la faire oublier, ne lui ressemble pas. Aux riants aspects de la plaine que je viens à peine de quitter, le Trièves rapidement traversé avait ajouté son caractère propre et déjà tout différent. La vaste étendue de son cirque, l'élévation des montagnes, leurs glaciers entrevus dans le lointain y faisaient dominer l'idée de la grandeur. Cette fois le cirque est plus restreint, mieux dessiné, plus étroitement fermé. Moins d'arbres dans la plaine et jusqu'à la lisière de la forêt ; partout un calme absolu, un silence que n'égaie, à cette heure du jour, le chant d'aucun oiseau. Deux hameaux en face de moi, et à ma droite ceux du Trabuesch dissimulés sous leurs nombreux cerisiers ; on y soupçonne la vie, on ne la voit pas. Quelque chose de grave, d'austère même dans ce paysage ; c'est un monde à part où l'on est heureux de passer quelques jours pour oublier l'autre, pour méditer et se reposer, on n'y fixerait pas sa demeure. Dans une heure ou deux, au déclin du jour, l'impression se modifierait sans doute, peut-être même elle s'assombrirait, mais sans changer de nature. Pour le moment, au contraire, mes yeux qui se portent sur *Les Corréards,* un hameau voisin du Buesch et de notre asile de ce matin, le voient illuminé par le soleil, entouré de verdure, frais, riant, d'apparence tout à fait séduisante. Voilà aussi l'état de mon âme modifié ; voilà qu'une note plus douce et comme un sourire se glissent à travers l'impression générale qui persiste de beauté grave et sévère.

C'est merveille de lire, merveille d'ouïr quelques philosophes dissertant sur la nature de la *sensation*, et s'efforçant d'en fixer si exactement les traits qu'on n'ait plus, dans la suite, à y faire même les plus légères retouches. Dieu sait pourtant s'il existe dans le monde de l'âme chose en soi plus multiple que la sensation, plus ondoyante, plus diverse, dont les variétés et les nuances défient tous les nombres, s'émancipent au delà de toutes les définitions. Qui saura jamais toutes les richesses de la Nature ? A-t-on réussi, depuis des siècles qu'on y puise, à compter celles de l'âme humaine ? Voilà pourtant les deux grands facteurs de la sensation. Avec de tels parrains si bien disposés en sa faveur, elle peut dépenser sans compter, elle ne lassera jamais leur bon vouloir. Aussi, rien qu'en présence de la Nature, rien qu'à la laisser agir seule, quelle rapide succession d'impressions, de sensations, dont chacune a sa note et son charme particulier ! Tous les poètes, tous les paysagistes n'en provoqueront jamais dans nos âmes d'aussi nombreuses, d'aussi variées que le simple coup-d'œil en fait naître devant chacun de ses tableaux, dans chaque saison de l'année, dans chaque jour de chaque saison, on pourrait dire à chaque heure du jour ! Mais je me trompe : si l'art, peinture ou poésie, n'égale pas la Nature, s'il ne suscite pas en nous, au même degré, les sensations et les émotions qu'engendre sa vue directe ; si leur vérité, quoi qu'il tente, est toujours au-dessous de sa vérité, il y ajoute pourtant quelque chose qui la dépasse, un reflet, quelquefois même un rayon de l'infini, et ce rayon, c'est du fond de notre âme que l'art le fait jaillir.

Ces réflexions s'enchainant les unes aux autres allaient me conduire jusque je ne sais où, peut-être dans les nuages, quand le grand silence qui les favorisait fut troublé par un faible bruit : il n'en fallut pas davantage pour les faire évanouir. Les branches et le feuillage d'un noisetier situé à peu de distance de celui qui m'abrite étaient agités par le bras vigoureux d'un jeune gars (quelque pâtre sans doute dont le troupeau paissait dans le voisinage) qui, pour découvrir et détacher quelques rares noisettes à peine demi-mûres, abattait dix fois autant de feuilles qu'il aurait fallu. Qu'il s'emparât des fruits, l'acte n'était pas en soi condamnable, le noisetier ayant tout l'air, sur ce terrain vague, de n'appartenir à personne, mais pourquoi y mettre une telle violence, et joncher le sol de feuilles qui allaient s'y dessécher et mourir au pied de l'arbre dont elles étaient l'ornement ! L'enfant a donc plus que l'homme lui-même la passion de détruire ; et ce penchant c'est dans sa nature qu'il le porte, c'est avec lui qu'il est né : la société aiderait plutôt à l'atténuer et à en prévenir les fâcheux effets. Elle ne protège d'ailleurs que la propriété, et le garde champêtre lui-même n'aurait, je le présume, aucun droit de surveillance sur ce terrain abandonné. *Garde champêtre* et *force publique* se touchent pour ainsi dire, et *pouvoirs publics*, expression fort en vogue de nos jours, n'en est pas bien loin. Me voilà, grâce à l'association des idées, faculté assez mal nommée, car elle est l'association d'une foule d'autres choses, me voilà en plein domaine de l'état social, de la question sociale et de leurs innombrables dépendances. Le pâtre, à supposer que c'en soit un, a terminé son œuvre de destruction, tout est rentré dans le silence, et le cirque de Lus-la-Croix-Haute demeure seul devant mes regards, pour animer ma pensée. Je me garderai toutefois d'encombrer mon Journal des idées qui me vinrent alors à l'esprit à propos de la chose publique, de sa constitution présente, de ses améliorations possibles, et de ce que j'appellerai, d'un seul mot, mon *De Republicâ,* aussi fragilement que rapidement construit : j'espère avoir des détails plus intéressants à lui confier.

Laus, le 22 août 1893.

J'ai accompagné ce matin, l'espace d'une lieue et demie tout au moins, dans la direction du Trièves, un excellent homme, capitaine en retraite, qui avait dîné avec nous hier soir, et avec lequel j'avais lié connaissance. Simple pèlerin, comme il nous l'avait dès l'abord et très franchement déclaré, il avait commencé et il continuait à pied le voyage qu'il espérait bien, malgré son âge déjà avancé, terminer dans les mêmes conditions.

« C'est la seule partie de plaisir, me dit-il, tout en cheminant, et avec un bon sourire, que je m'accorde chaque année. Grièvement blessé dans une expédition du Sud-Oranais, j'ai dû prendre ma retraite longtemps avant l'âge, et dès que mes forces enfin revenues l'ont permis, j'ai acquitté à Notre-Dame-du-Laus un vœu que j'avais fait durant la campagne. C'est le premier pas qui coûte, dit-on. Celui-là m'a si peu coûté que j'ai résolu, sans que mon vœu pleinement acquitté m'y obligeât, de me rendre chaque année à l'un de nos trois grands pèlerinages de la montagne, Notre-Dame-du-Laus, Notre-Dame-de-la-Salette, Notre-Dame-d'Esparron. C'est vers ce dernier que je me dirige présentement. Je coucherai aujourd'hui à Saint-Maurice, car rien ne me presse, et je vais par petites étapes. Il se peut toutefois que je pousse, si je ne suis pas trop fatigué, jusqu'au Monestier-du-Percy où il y a une bonne auberge, bien tenue, où j'espère trouver un de mes anciens camarades.

« Croyez-vous, ajouta-t-il, que ce voyage à pied où l'on rencontre parfois d'agréables compagnons de route ne vaut pas les courses fatigantes à travers les places et les rues de la capitale, pour admirer des monuments qui sont bien peu de chose auprès des spectacles si variés, si imposants de nos montagnes ? J'avouerai pourtant que je ne les trouvais pas si belles, ni les chemins si aisés, quand, simple soldat, engagé volontaire dans un régiment d'infanterie caserné à Gap, je les parcourais le sac sur le dos, le fusil sur l'épaule, et souvent pas le sou dans la poche pour se rafraîchir à la grande halte. Mais aujourd'hui, grâce à Dieu, je puis tout à l'aise, sans fatigue et sans embarras d'aucune sorte, en admirer les beautés et respirer à pleins poumons l'air vivifiant du pays natal. Heureux ceux qui comme moi ne l'ont quitté que pour servir la patrie, ou pour chercher à l'étranger un travail qu'on n'a pas toujours chez nous comme on voudrait bien ! La plupart d'ailleurs, — c'est ce que m'avaient déjà dit hier, sur les bords du Buesch, les deux vieillards que j'y avais rencontrés, — s'empressent d'y revenir après quelques années d'absence, le plus souvent avec un petit pécule qui leur permet d'acheter quelques terres, ou d'arrondir, s'ils l'ont conservé, l'héritage paternel. »

C'était le cas de notre capitaine. Marié sur le tard dans son village, père de trois garçons, il les formait de bonne heure à la sobriété, au travail, et il ferait tout son possible pour les établir près de lui. « Ils recevront, me dit-il, assez d'instruction pour devenir des hommes utiles, de bons citoyens, pas assez pour les dégoûter de vivre à la campagne, de la vie la plus conforme à la nature et la plus indépendante. Le second me semble avoir du goût pour l'étude, et notre curé est satisfait de ses progrès. Il mord assez vivement au latin, mais il ne lui sera pas difficile d'en savoir plus long que son père dans une langue dont celui-ci n'a pas poussé bien loin l'étude. Ce brave curé ! Nous ne nous accordions pas toujours dans les premiers temps, quand il succéda à notre ancien pasteur, mort dans un âge très avancé. Il n'avait pas beaucoup d'expérience, moi, — on m'avait nommé maire, — pas beaucoup de patience, mais entre gens d'esprit et de bonne volonté on finit toujours par s'entendre. Nous nous sommes fait peu à peu de petites concessions, et nous sommes aujourd'hui les meilleurs amis du monde.

La commune s'en trouve bien, très-bien même, et mes deux aînés sont presque aussi souvent chez lui que chez moi. »

J'étais curieux de savoir où en est la religion dans ces cantons reculés, et si la foi y a fait les mêmes pertes que dans quelques parties de la plaine. De plus, le souvenir hantait mon esprit, souvenir vague, sans précision, car je n'ai point lu *Les Misérables*, mais seulement les analyses qu'en publiaient alors les journaux, d'un évêque de Gap ou de Digne auquel Victor Hugo fait jouer, dans son volumineux roman, un des premiers rôles, et qui n'est pas, on l'assure, sa création la moins heureuse. Nul doute, en effet, même en supposant le personnage très réel, que l'auteur n'en ait, au gré de sa fantaisie et dans l'intérêt de son drame, accusé plus fortement le caractère, ce qui est, à mon avis, une véritable création. Comme s'il avait lu dans ma pensée, c'est du chef du diocèse que le capitaine répondant à ma question pourtant assez générale me dit d'abord, en passant, quelques mots.

« Nous avons, par une bonne fortune assez rare, un évêque de chez nous, né dans nos montagnes qu'il n'a jamais quittées. C'est dans le diocèse de Gap qu'il a été successivement vicaire, professeur, curé, doyen, et enfin évêque : vous voyez qu'il y a reçu tous ses grades, conquis tout son avancement. Il nous connaît, il nous aime, il sait comment il faut nous parler, et il parle bien, pas trop longuement, ce qui n'est pas un mal. Il est simple, ouvert et, pour tout dire d'un mot, il nous donne le premier l'exemple des vertus qu'il nous prêche. »

Les jugements du capitaine n'étaient guère moins favorables au clergé du diocèse. Peu ou point de scandales : l'évêque les prévient par sa vigilance ou les arrête à la source : presque partout une entière bonne volonté. Le dévouement est aussi réel, aussi persévérant que la pauvreté est grande dans nombre de paroisses, où les ressources sont presque nulles et le casuel insignifiant. Une seule chose à regretter, c'est que les jeunes prêtres ne puissent vicarier plus longtemps. Ils apprendraient, sous la direction d'un curé formé lui-même à l'école de la vie, ce qu'on n'apprend pas dans les écoles où l'on a tant d'autres études en tête, l'art de traiter avec les hommes et de les conduire doucement au bien. Le tact et la mesure ne s'enseignent pas, je crois, dans les livres. La nature les donne ou elle les refuse, et pourtant ceux qu'elle n'a pas favorisés sous ce rapport gagneraient beaucoup à vivre durant plusieurs années dans la compagnie d'un guide éclairé, prudent, expérimenté. Ils s'épargneraient les ennuis, les déboires qui attendent les prêtres placés trop jeunes à la tête d'une paroisse, chargés de fonctions difficiles, délicates, où le zèle est sans doute une qualité de premier ordre, et toutefois ne saurait suffire.

Mais je ne sais pas, ajouta le capitaine avec animation, quelles imperfections naturelles ne pourraient pas faire disparaître ou tout au moins faire oublier chez un prêtre la charité, l'intelligente charité, et l'amour du travail. Celui qui aime de toute son âme ses devoirs, ses paroissiens, et, de préférence, les faibles, les pauvres, les malades, celui qui donne tous les jours l'exemple du travail, celui-là aura tôt ou tard le dernier mot dans les choses qui le concernent; il obtiendra sans peine l'influence et le respect qui lui sont dus. Je pourrais vous en donner de nombreux exemples : je me contenterai d'un seul, celui d'un bon curé de campagne dont mes parents m'ont beaucoup parlé dans ma jeunesse, et dont le nom est encore populaire dans nos montagnes.

Nous cheminions, depuis une heure et demie sur une route, il est vrai, assez facile et par un temps très calme, ce qui n'est pas si fréquent aux abords et dans le défilé de la Croix-Haute; mais sans nous être arrêtés un seul instant. Nous avions le droit de nous reposer quelques minutes, le capitaine, avant de continuer sa route vers Saint-

Maurice : moi, avant de revenir sur mes pas et de regagner mon gîte. C'est durant cette halte, sous un bouquet de saules, à peu de distance d'un rocher où quelques plantes et quelques fleurs sauvages avaient, je ne sais comment, trouvé moyen de naître et de se nourrir, que me fut racontée l'histoire aussi simple que touchante de l'abbé Tane : j'en résume brièvement les traits principaux.

Né en 1748, à Névache, station aujourd'hui bien connue et fort appréciée de nos chasseurs alpins, le futur abbé Tane avait fait, dans le petit et dans le grand séminaire de son diocèse d'origine, des études d'autant meilleures que la nature l'avait richement doué sous le rapport de l'intelligence. Sans ambition, modeste on pourrait dire à l'excès, il était encore vicaire[1] quand éclata la Révolution. Nommé en 1791 à la cure de Plampinet, il ne quitta plus cette paroisse de 250 âmes, voisine, il est vrai, de sa chère vallée de Névache : il en fut, durant trente-cinq ans, c'est-à-dire jusqu'à sa mort, le pasteur et l'âme. Son souvenir s'y transmet pieusement, depuis plus d'un demi-siècle, des parents aux enfants ; dans les communes voisines, dans une bonne partie du diocèse,

[1] Aux *Guibertes*, commune du Monestier.

on n'a pas encore oublié le dévouement, la science, l'inépuisable charité du curé de Plampinet. Sans doute un grand nombre de prêtres, à la ville, à la campagne, dans nos Alpes et dans les régions voisines, mériteraient par leurs vertus sacerdotales le renom qui s'est attaché à l'abbé Tane, renom qu'il n'a point désiré, jamais cherché, et qui le surprendrait fort, s'il revenait sur la terre. Il y serait, comme tant d'autres qui ont passé en faisant le bien, à peu près oublié malgré ses mérites, si ses nombreux élèves répandus dans toutes les parties de la montagne, et quelques-uns parvenus dans les administrations publiques à de hauts emplois, n'avaient, partout où ils se sont établis, fait connaître et célébré leur maître. Tout le temps, en effet, que dura la Révolution [1], plus tard, sous le premier Empire et le règne de Louis XVIII, alors que les collèges étaient encore peu nombreux et médiocrement fournis de professeurs, le presbytère de Plampinet devint une école où le savoir du Maître, son excellente méthode, sa bonté faisaient affluer les enfants des meilleures familles de Gap, d'Embrun, du Briançonnais surtout.

[1] On montre encore, dans un coin reculé de la montagne, la grotte qui servit de refuge à l'abbé Tane durant les plus mauvais jours de la Révolution.

La vie y était pourtant bien simple, austère même, et la pension que payaient les élèves (quatorze francs par mois, et le pain fourni par les familles) ne permettait pas de les nourrir délicatement. Les légumes du jardin entraient pour la plus grosse part dans les délices de cette table où du moins ne manquait jamais l'appétit. Une fois seulement tous les ans, la viande y paraissait durant deux ou trois jours, à la sortie du Carême. Un frère du curé lui faisait alors cadeau d'un mouton que deux ou trois des plus grands pensionnaires allaient chercher à Névache. Les santés n'en étaient pas, pour cela, moins florissantes, ni les corps moins robustes, l'exercice et le grand air venant en aide à la simplicité du régime. Comment se plaindre, d'ailleurs, — et l'on n'y songeait pas, — quand le bon abbé trouvait encore moyen de s'imposer, par surcroît, des jeûnes et des privations dont ses élèves s'apercevaient aisément, puisqu'il prenait ses repas avec eux, et ne les quittait guère que pour visiter ses malades et vaquer à ses devoirs de pasteur. Inutile de dire que devançant des lois qui devaient être votées de longues années plus tard, c'est gratuitement, sans une obole de rétribution, que le curé Tane enseignait à ses pensionnaires, avec la langue maternelle, le latin très complètement, quelque peu de grec, les mathématiques, et surtout les sciences physiques et naturelles qu'il aimait avec passion. Avec eux encore il s'occupait à confectionner des instruments aratoires, et il était parvenu à fabriquer des horloges en bois qui, si elles n'étaient pas d'un art parfait, dénotaient du moins de rares aptitudes pour la mécanique.

Cette paisible et si utile existence ne fut sérieusement troublée que par un chagrin dont les élèves de l'abbé Tane furent, il est vrai, plus émus qu'il ne l'avait été lui-même. Il avait, en effet, fondé de grandes espérances pour le progrès des études dans l'Université de France récemment créée par Napoléon Ier, sur deux grammaires, l'une latine, l'autre française, qui lui avaient coûté beaucoup de temps et de travail, et dont il avait envoyé l'unique manuscrit au Ministère de l'Instruction publique. Il n'en revint jamais et, dans la suite, il n'y fut non plus jamais retrouvé. Quand, à peu de temps de là, se répandit avec un légitime succès la grammaire latine de Lhomond, les élèves du presbytère de Plampinet trouvèrent tant de ressemblance entre la Méthode de leur maître et celle qui venait d'être publiée, qu'ils parlèrent hautement de larcin et de plagiat. Lhomond ainsi mis en cause n'aurait pas eu de peine à se disculper. Le même dévouement à l'enfance, la même expérience de ses aptitudes et de ses besoins intellectuels, les mêmes qualités d'esprit avaient enfanté deux œuvres analogues : l'explication n'était pas plus malaisée. L'honnête curé avait d'ailleurs, pour se consoler, avec la foi la plus vive, une charité qui ne lui permettait pas de soupçonner le mal, encore moins d'y croire.

Quand les années s'ajoutant aux années l'eurent contraint de renoncer à l'enseignement, et que la solitude se fut faite dans son presbytère autrefois si peuplé, si animé, on le vit passer de longues heures dans sa petite église aux naïves peintures murales, absorbé dans la méditation et la prière. C'est dans ce commerce intime avec son Dieu, et le fidèle accomplissement de ses devoirs ordinaires, que s'écoulèrent ses dernières années. Son presbytère avait reçu, en 1824, quelques réparations longtemps désirées. Il n'en jouit que peu de mois, et il termina à la fin de janvier 1826, à l'âge de plus de quatre-vingts ans, une vie pure, humble, toute de dévouement.

Après ce récit dont je retranche à regret d'intéressants détails, nous nous quittâmes, le capitaine et moi, à l'un des points les plus pittoresques du défilé de la Croix-Haute. Les réflexions que je fis au retour ne m'empêchèrent point de jouir d'une Nature dont les charmes un peu sauvages n'avaient pas encore épuisé leur attrait, et de souhaiter, en passant, aux habitants des Lussettes que la tour de leur église eût enfin son couronnement. Elles me firent toutefois, en une heure ou une heure et demie, agiter bien des questions et passer en revue des souvenirs déjà fort anciens.

Voilà bien, au presbytère de Plampinet, le curé de campagne tel que l'ont dépeint, à plusieurs reprises, mais chacun avec la nuance de son esprit et le degré de sa foi religieuse, de grands écrivains, des poètes de valeur très inégale, Delille, Lamartine. C'est le curé tel, après tout, qu'on le rencontre très souvent dans nos villages, priant pour le peuple auquel il donne l'exemple de la simplicité, de la sobriété, du travail, catéchisant l'enfance, la formant au respect et aux bonnes mœurs, ayant une consolation ou un conseil pour tous les genres d'épreuves, élevant vers le ciel des âmes que la terre attire si puissamment à elle, rappelant aux espérances et aux certitudes de la vie future, de la vraie vie, ceux que les traverses et les douleurs de la vie présente allaient livrer en proie à la débauche ou au désespoir. Mais s'il enseigne avec les vérités de la foi la philosophie la plus haute, la morale la plus pure, sa prédication, comme celle du curé de Plampinet, est encore plus d'exemple que de parole, car pour le campagnard avisé, pénétrant, l'arbre se juge d'abord à ses fruits : c'est le plus simple et le plus sûr de ses raisonnements.

Quelle distance aussi de l'abbé Tane dissertant peu, agissant beaucoup, mettant partout dans sa vie l'unité de sa foi, au *Vicaire savoyard de l'Émile* qui s'embarrasse dans ses confus et interminables raisonnements, qui sait tant de choses, connaît si bien tous les philosophes ses contemporains, de Condillac à Helvétius dont il donne des réfutations telles quelles, et ne sait pas du tout que le premier devoir du prêtre est de prier et d'apprendre à prier, la prière, c'est-à-dire l'élévation de l'âme vers Dieu, étant, avec le sacrifice, l'essence même de la religion. Et ce même Vicaire savoyard qui dit nettement, résolument de Dieu : *je ne le prie pas,* il s'absorbera tout entier, il s'anéantira à la messe que, malgré son incrédulité, il continue de dire tous les jours, *au moment solennel de la consécration ;* il se recueillera *avec toutes les dispositions qu'exigent l'Église et la grandeur du sacrement.* Ce sont bien là, je les ai lues et relues avec trop d'attention pour ne pas me les rappeler exactement, ses propres paroles. Croit-on que le paysan, avec son bon sens, le paysan simpliste, comme on aime à dire de nos jours, n'aurait pas bientôt fait de démêler ces contradictions, et que vicaire ou curé disant la messe, sans croire à la prière, ne perdrait pas immédiatement tout droit à son respect, toute influence sur son esprit ?

Aussi, dans le petit livre qu'il publia au lendemain de la Révolution de Février, sous ce titre : *Philosophie populaire*, Victor Cousin, après avoir reproduit, je ne sais trop pourquoi, à la suite de ses propres idées sur l'âme et sur Dieu brièvement, mais éloquemment exposées, la première partie du *Vicaire savoyard*, Victor Cousin s'arrêta tout court. Il comprit que ni bourgeois, ni peuple, n'accepteraient les étonnantes contradictions que je viens de rappeler, et qu'elles iraient au rebours de ses intentions. Déjà il avait dans cette petite brochure et dès la première édition, car elle en eut plusieurs, réfuté dans des notes nombreuses, incisives, sans appel possible, les erreurs et les exagérations de la première partie du *Vicaire savoyard*. Il aurait mieux fait de la supprimer, et de s'en tenir aux quelques pages qu'il avait lui-même écrites, et dont je me rappelle très bien qu'elles exposaient simplement, clairement, les grandes vérités de l'ordre moral. Ces pages assurément sont trop rapides : rien n'était plus facile que de donner, en les développant un peu, toute sa force à la démonstration de la vérité.

Comme ils étaient, à juste titre, confiants dans la raison du peuple, mais aussi comme ils le connaissaient mal dans ses passions, ses préventions, ses colères, aux heures de trouble et de tempête, ces sages académiciens, ces membres de l'Institut qui conçurent alors, en 1848 et 1849, le généreux dessein de ramener au vrai, au bien, à l'aide de petites brochures solides, savantes, élégamment et agréablement écrites, la multitude abusée par les déclamations des sophistes et des ambitieux vulgaires, séduite par les mirages trompeurs et les rêves d'or aux lendemains de misère ! Seront-ils plus heureux, ou bien les verrons-nous encore une fois devancés, dans leur œuvre de préservation et d'action sociale, par l'anarchie ou par la dictature, ces hommes de cœur et d'intelligence qui multiplient, à l'heure présente, les brochures, les conférences pour dissiper les malentendus, réfuter les erreurs, éclairer sur leurs véritables intérêts les masses populaires auxquelles le suffrage universel remet les destinées de la patrie ? N'est-ce pas un remède insuffisant contre la diminution des vérités et le soulèvement des passions, contre l'impatience de jouir tout de suite et à tout prix, que d'éloquents discours prononcés devant des auditoires d'élite, mais auxquels n'assistent point ceux qui devraient les entendre, que des brochures pleines d'utiles enseignements, mais dont ceux qui devraient les lire ne sauront pas seulement les titres ! Une fois, mais rien qu'une fois la parole a changé la face du monde, en s'adressant directement aux petits et aux humbles, mais c'était la parole d'un Dieu. De nos jours encore, après dix-neuf siècles de civilisation chrétienne, on peut quelque chose en s'appuyant sur elle, pour le salut des peuples qu'elle a une première fois régénérés : sans elle on est bien faible, et le succès n'est rien moins qu'assuré. Nous respirons toujours, croyants et incroyants, l'atmosphère que le christianisme nous a faite. Des germes impurs s'y sont répandus, efforçons-nous de l'en débarrasser.

Appelons à notre aide, pour le grand et difficile travail d'y faire régner la justice avec la charité, toutes les ressources du savoir et du bon vouloir, mais n'espérons pas créer nous-mêmes un air différent de celui-là, capable pourtant de nous faire respirer et vivre.

Tout est bien balayé sur vos chemins de fer,
Tout est beau, tout est grand, mais on meurt dans votre air,

a dit Alfred de Musset. Cet air, en effet, n'a pas ce qu'il faut pour entretenir la vie ou pour la ranimer.

Lus-la-Croix-Haute, 22 août 1893.

L'air vif et léger de la montagne commence à faire sentir son action : elle est des plus favorables.

La promenade du matin, douze kilomètres au moins, si elle ne m'a pas fatigué, ne me fait pas renoncer toutefois, pour l'après-midi, à une course nouvelle. Seulement je la ferai moins longue, et je remets à demain *la lointaine* expédition de la Jarjatte : il me tarde de savoir ce qu'il en est au juste de cette petite Provence. La chaleur est devenue très forte, orageuse même sur le soir : nous attendons qu'elle soit tombée et ne partons qu'à trois heures bien sonnées pour les bois qui, au delà du Trabuesch, s'étendent sans interruption jusqu'à Turin. Le brave garçon qui m'accompagne y tient absolument : il me le disait hier, il me le répète aujourd'hui à satiété. Pour lui qui n'a jamais quitté son village, Turin doit être ce qu'était pour nous, dans notre langage de tout petits enfants, *le Mississipi,* c'est-à-dire exprimer la plus longue, la plus lointaine des distances, quelque chose comme l'infini. L'infini ! Il exerce sur les enfants et les hommes je ne sais quelle fascination, et bien qu'ils n'en aient qu'une idée confuse, peut-être même à cause de cela, il reparaît souvent et sous des noms divers dans leurs pensées et dans leurs discours. Ce n'est pas pour rien qu'ils sont des êtres raisonnables, et qu'au delà de toute limite visible, ils entrevoient je ne sais quel illimité dont le sentiment les trouble et les obsède.

Nous venions de franchir le Buesch, et nous nous étions avancés de cinquante ou soixante pas à peine sur les tout petits monticules qui bordent sa rive gauche, quand du haut de l'un d'eux, j'aperçois, en me retournant, une jeune fille de haute taille, — elle pouvait avoir de vingt à vingt-deux ans, — *légère, court vêtue* comme la Perrette de La Fontaine, et se dirigeant à grand pas, avec une extrême agilité, vers le ruisseau que nous venions de traverser. Elle y fut en un instant, et c'était merveille de la voir, ses longs cheveux noirs au vent, une petite boite à la main, souple et ferme comme une statue antique sur la planche étroite qui sert de pont, puis s'élançant de nouveau, rapide comme une flèche, passer à quelques pas de nous avec un bonjour et un gai sourire.

Qu'est-ce que cette jeune paysanne si pressée et d'allure si vive, demandai-je à mon compagnon ?

Eh quoi ! me répondit-il, vous ne la connaissez pas encore depuis le temps que vous êtes ici ? — Ce long temps se réduisait à deux fois vingt-quatre heures. — Elle est pourtant presque tous les jours à l'hôtel de la Poste où elle vient d'elle-même, sans qu'on ait besoin de l'appeler, quand elle devine un peu plus d'ouvrage à faire que d'habitude. Elle aime mieux cela que la couture où elle est pourtant assez habile, et qu'elle a apprise chez une bonne maitresse, mais elle a besoin d'air et de mouvement. C'est une brave fille qui ne ménage pas sa peine, quand on est dans l'embarras. Telle que vous venez de la voir elle fait depuis trois jours le service de son voisin, le facteur des postes tombé subitement malade. Elle ira du même pas jusqu'au dernier des trois hameaux du Trabuesch, puis elle reviendra par les Corréards, ce hameau si plaisant, au bas duquel nous nous sommes arrêtés pendant la pluie, dans la maison abandonnée. Des Corréards elle reviendra par le mas Rebuffat et le mas Bourget pour recommencer demain la même tournée, à moins que le facteur ne soit déjà guéri. Certes oui, qu'A. T... est une brave fille, bien ouvrière et bien entendue.

Pour moi qui ne connaissais d'A. T... que sa haute taille, son air de force et de santé, qui croyais la voir encore ferme et droite sans raideur sur la planche branlante, preste et agile dans sa course, je me demandais lequel des deux, d'un peintre ou d'un poète, pourrait le mieux, à égalité de talent, rendre cette scène d'une extrême simplicité, et la faire sentir. Ce serait peu, en effet, que l'exacte imitation de la nature, si elle n'éveillait pas en nous un sentiment, si elle n'y laissait une trace plus profonde que le simple souvenir. Et à cette question je ne savais que répondre, penchant tantôt pour la poésie, tantôt pour la peinture, et, conclusion provisoire, remettant à l'âme et au talent de ceux qui tenteraient l'entreprise, de décider par la valeur même de l'œuvre en faveur de l'un de ces deux arts. L'avantage du poète serait peut-être qu'il a le droit de décrire la scène en son entier, de suivre ici, pas à pas, la jeune fille dans sa marche rapide. Mais, en revanche, si le peintre a su choisir le moment le plus favorable, celui du passage sur le pont, par exemple, il peut y concentrer l'intérêt que son rival affaiblit en le dispersant. Celui-ci sera bien habile, bien inspiré, s'il sait, comme La Fontaine l'a fait si souvent, s'en tenir à un petit nombre de traits les plus en saillie, les plus expressifs, et remplacer la couleur, ses attraits, ses délicates nuances, par de vives ou gracieuses images. Mais comment fera-t-il, dans ses vers mesurés, pondérés, tirés au cordeau, circuler l'air, briller et jouer la lumière, ainsi que le peintre y parvient sans trop de peine? C'est par tout pays, je m'en doute un peu, que les La Fontaine sont rares : les Poussin, les Teniers, les Lorrain, les Corot, les Millet sont autrement nombreux, sans que le nombre nuise à la qualité. Pourquoi cela?

A ce pourquoi, à une foule d'autres qui le suivirent de près, point de réponse décisive, du moins dans ma courte science. Et tandis que mon esprit se fatigue à en découvrir un qui le satisfasse, l'honnête garçon qui m'accompagne à travers le Serpolet, l'École, et le troisième hameau du Trabuesch dont le nom s'obstine à m'échapper, ne souffre lui que d'une peine, celle de ne pouvoir, à cause de la blessure qu'il s'est faite à la main et qui lui donne des loisirs dont je profite, achever la moisson avec ses camarades. Il ne songe qu'à un plaisir, celui de la belle foire aux cerises qui se tenait ici même, il y a moins d'un mois, et dont il a gardé un délicieux souvenir. « Ah! quelle belle fête, monsieur, ne cessait-il de me répéter, et comme on s'y est bien amusé! c'est tout ce qu'il y a de plus beau dans le pays : il faudra venir plus tôt, l'an prochain, pour la voir. » Et voilà comment deux créatures du bon Dieu, deux êtres raisonnables réunis par le hasard ont, au même moment, dans les mêmes lieux, en présence de la même Nature, des pensées et des plaisirs si différents. J'achète ceux dont je jouis par des peines et un travail d'esprit dont il ne se doute même pas, mais les siens ont beau ne lui rien coûter, je préfère les miens. Je les goûterais moins, s'ils n'étaient pas, c'est la grande loi, la loi universelle, au prix d'un peu de souffrance.

Nous voilà enfin hors du Trabuesch, longeant le Rioufroid qui va, tout près d'ici, joindre le

Buesch et grossir son onde un peu maigre ; le Rioufroid, bien digne du nom qu'il porte, et dont les eaux vives et glacées nourrissent les meilleures truites du pays. C'est une fête pour les gourmets, fête d'ailleurs assez fréquente, quand elles paraissent sur la table de l'hôtel de la Poste ; il n'en revient jamais que les arêtes mises à nu avec un art parfait. Aux cerisiers et aux pommiers, richesse des trois hameaux, succèdent bientôt les taillis, puis les bouquets de bois, fayards, pins, sapins, puis les fourrés épais, puis les clairières, et dans celles-ci les fraises, les framboises, en une telle abondance qu'il suffit de se baisser pour faire ample récolte. Et nous irions ainsi montant, montant toujours, cueillant et savourant ces doux fruits de la forêt de Durbon, nous irions jusqu'à Turin sur la foi de mon ami, si, par malheur, le soir qui approche ne nous obligeait à rebrousser chemin pour regagner Lus aux douze hameaux [1].

Lus, 25 août 1893.

La journée d'hier avait été belle, trop belle : nous le payons ce matin, un peu cher, en vérité.

[1] Douze grands et dix de moindre étendue.

C'est à peine si, entre deux ondées orageuses, nous réussissons à atteindre, sur la route de la Jarjatte, une source d'eau très claire, très pure, salutaire même, du moins on le prétend, connue dans le pays sous le nom de Fontbelle. Le lieu qui n'est pas sans agrément en aurait bien davantage, si nous pouvions en jouir avec sécurité, et si nous n'avions dû, en toute hâte, chercher un asile à l'abri d'un rocher, cette fois, il est vrai, pour peu de temps: mais encore faut-il, crainte de pire, retourner sur nos pas.

Après le déjeuner de midi, n'osant sortir et n'ayant rien de mieux à faire, je reprends mon Journal, avec le ferme dessein de le mettre au courant, mais je n'avance que fort lentement. On m'assure qu'on n'a pas eu, à Lus, de tout l'été, journée aussi pénible, chaleur aussi accablante. Je le crois et m'accorde quelques instants de somnolence dont j'espère que mon Journal ne souffrira pas trop. Il faut aussi que j'écrive quelques lignes à Maurice, pour le prévenir que ledit Journal sera loin de renfermer tout ce que je lui avais promis; mais aussi peut-être contiendra-t-il autre chose qui ne lui agréera pas moins.

—×—

DEUXIÈME LETTRE

Lus, 23 août 1893.

Mon cher Maurice,

Il est dit quelque part dans la Sainte Écriture que tout homme est menteur, *omnis homo mendax*. A mon tour d'en être aujourd'hui la preuve. Toutefois s'il est des mensonges qui trahissent directement, résolument, la vérité, il en est d'autres plus excusables peut-être, mensonges de promesses, par exemple, qu'on espérait, qu'on croyait fermement pouvoir tenir, et qu'on n'a pas tenues pour des raisons fort recevables. Je vous avais promis, me l'étant d'abord très sincèrement promis à moi-même, de vous parler de la haute montagne, et je n'ai pas encore dépassé l'altitude de treize cents mètres. Je ne suis donc qu'aux abords, aux contreforts, et, selon toute apparence, pour cette fois du moins, je n'irai pas au delà. Une lettre que je viens de recevoir m'annonce le passage à Grenoble, pour le 27 de ce mois, d'un camarade d'École, F. S., que je n'ai pas revu depuis longues années : vous me pardonnerez de ne pas manquer une occasion qui, selon toute apparence, ne se retrouvera plus. Demain, par le premier train, je pars pour le Trièves et pour un pèlerinage qui, après un siècle d'oubli, commence à être de nouveau fréquenté. C'est un aveu que je vous fais à voix basse, et surtout n'allez pas me trahir. J'ai bien en ma faveur et, s'il le fallait, pour me justifier, l'exemple de Descartes qui s'en fut pieusement, pour l'acquit d'un vœu, à Notre-Dame-de-Lorette ; mais ce que s'est permis le père de la philosophie moderne, comme on aime à le nommer, tout le monde n'a pas le droit de le faire. Donc, silence et discrétion.

Revenons à la haute montagne. Si je ne l'ai pas encore escaladée, si je commence seulement à l'entrevoir, en revanche j'en entends parler sans cesse, et je dîne ou je soupe tous les jours avec des gens qui y vont ou d'autres qui en reviennent, et dont quelques-uns s'arrêtent ici pour visiter un canton qui, mon Journal vous en convaincra, je l'espère, vaut la peine de ce léger retard. Or, en les écoutant, j'ai cru remarquer qu'on peut, si l'on néglige pour cette fois les nuances, elles sont nombreuses, diviser ces excursionnistes ou Alpinistes, comme ils se nomment eux-mêmes, en trois classes principales. Il y a d'abord ceux qui, las des plaisirs faciles ou d'une vie monotone, cherchent dans des distractions un peu violentes, et dont ils n'ont pas l'habitude, un remède à l'ennui qui commençait à les envahir. Ceux-là ne sont pas si détachés de tout bien sensible qu'ils n'apprécient très exactement la valeur relative des refuges, des chalets, des hôtelleries qu'on trouve maintenant, ici comme en Suisse, sur les points les plus élevés des Alpes dauphinoises. On peut compter sur eux pour savoir, avec la dernière précision, toutes les ressources hospitalières, culinaires de la montagne. J'ai pris, en les écoutant, quelques notes dont j'espère tirer parti tôt ou tard, car enfin les hauts sommets ne me sont pas à tout jamais interdits.

La seconde classe se compose de ceux qui veulent avoir tout vu, pour raconter ensuite un peu plus qu'ils n'ont vu. Leur ambition, leur suprême bonheur c'est de mettre le pied où personne ne l'aurait mis avant eux, d'escalader les cimes les plus inaccessibles, de franchir sans trouble, ni vertige, du moins ils l'assurent, les passages les plus difficiles bordés d'insondables abimes. Ceux-là s'inquiètent du vivre et du couvert, autant qu'il est indispensable pour conserver ou pour réparer leurs forces. Quelques-uns d'entre eux sont des audacieux, des téméraires; le plus grand nombre joint la prudence à l'énergie, mais tous veulent également pousser plus avant, monter plus haut, toujours plus haut, et, s'il était possible, à l'exemple des géants, escalader le ciel. Je les appellerais volontiers les ambitieux, les glorieux, quelquefois mais plus rarement les simples vaniteux de la montagne. S'ils l'aiment, et je n'en doute pas, c'est pour eux au moins autant que pour elle : leur affection n'est pas assez profonde, assez désintéressée, pour que je puisse les appeler ses amants.

De ces derniers je formerais la troisième classe où ils se rencontrent, il est vrai, avec plusieurs membres de la seconde. Seuls ils m'ont fait comprendre et aimer la haute montagne : dans leurs descriptions où l'exactitude, je n'en doute pas, est parfaite, il y a encore plus de vie et de sentiment. On ne se borne pas à les entendre : on se met bientôt à leur suite, et, en leur compagnie, on éprouve ce qu'ils ont éprouvé, on parcourt un à un, avec les émotions très diverses qu'ils ont fait naître, tous les aspects, tous les sites de nos Alpes ; on admire ce qu'ils ont admiré, on passe tour à tour de l'inquiétude à l'espérance, de la tristesse à la joie, de l'abattement au ravissement. Un chirurgien-major, peut-être même médecin principal, qui venait de prendre sa retraite, après avoir passé de longues années dans la garnison de Grenoble, nous dépeignit une fois si vivement, et avec une sorte de religieuse terreur, comme s'il la voyait encore, une des scènes les plus silencieuses pourtant de la haute montagne qu'il la rendit comme présente à nos yeux. Le hasard l'avait conduit ou plutôt égaré, sans qu'il sût comment retrouver sa route, en un lieu fermé de toute part, sauf l'étroit passage qui lui en avait ouvert l'accès, par des roches nues, sombres, amoncelées sans ordre et comme précipitées les unes sur les autres, dans quelque tourmente effroyable de la nature, enfin d'un aspect si sauvage que les larmes, nous dit-il, lui en vinrent aux yeux. Opposez, mon cher Maurice, à ces mornes tableaux assurément les plus rares, celui des espaces immenses qu'on découvre par un clair soleil et un ciel sans nuages du haut de quelques cimes privilégiées, au point qu'on se croirait comme lancé dans l'infini, et vous aurez une faible idée de l'impression que provoquent par leurs récits émus, sincères, les vrais amants de la nature alpestre, et comme ils la font aimer, rien qu'à les entendre !

Mais je ne pourrais que les affaiblir, même en les reproduisant de mon mieux : le plus sûr est d'aller soi-même à la source de ces impressions, de se pénétrer des beautés de la montagne, en les contemplant de ses yeux, pour dire ensuite en toute vérité à ses amis : je l'ai vue, dis-je, vue, de mes propres yeux vue, ce qu'on appelle vue. Cela vaudrait bien votre récent voyage en Espagne dont vous m'avez pourtant couché par écrit, chemin faisant, de si charmants épisodes ; mais surtout cela vous fera mieux que jamais comprendre, admirer l'inépuisable richesse de la Nature, sa fécondité sans égale, et remercier de ses dons Celui qui l'a faite si belle pour le regard de l'homme et la joie de son âme.

Bien affectueusement à vous, mon cher Maurice.

C.-C.

JOURNAL

Monestier-de-Percy, 24 août 1893.

De Saint-Maurice en Trièves à Clelles en Trièves.

Le Tertre aux mirabelles.

C'est à se croire revenu aux plus beaux jours du printemps. Le soleil brille de tout son éclat, l'air purifié par des pluies abondantes est doux et frais ; il demeurera tel au moins jusqu'à midi. Le trajet, même en chemin de fer, est assez long de Lus-la-Croix-Haute à Saint-Maurice en Trièves : à plusieurs reprises je jette un dernier coup-d'œil sur le village qu'on aperçoit longtemps encore. J'espère bien d'ailleurs y retourner un jour, peut-être même à la foire aux cerises de l'an prochain; et puis je n'ai point vu *La Jarjatte,* ce coin fortuné de la montagne, ce hameau le plus beau des douze hameaux de Lus. Deux fois je m'en suis approché à une faible distance, et deux fois j'ai dû renoncer à l'atteindre : combien de désirs comme celui-là qui échouent au moment d'entrer au port! Mais nous y reviendrons, s'il plaît à Dieu, et le dernier mot n'est pas dit sur les suites de cette modeste et légitime espérance.

La gare de Saint-Maurice où je descends est si bien située et à une telle hauteur, qu'au delà du Trièves dont aucune partie n'échappe au regard, on aperçoit les cimes neigeuses et les glaciers des grandes Alpes dauphinoises. Avec ce ciel d'un calme et d'une pureté que rien ne trouble, à cette heure matinale, le coup-d'œil est incomparable. Pauvre épithète que cet *incomparable,* même en y ajoutant *inoubliable !* j'en demeure d'accord avec moi-même; mais plus pauvre encore serait sans doute celle que je cherche inutilement pour traduire les sensations, les sentiments qui surabondent et se confondent dans mon âme. En vérité, comparées aux richesses de la Nature et à celles de l'âme humaine, les langues les plus parfaites sont souvent bien à court, et fort dépourvues. Le peu de qualificatifs dont elles disposent est loin de répondre à toutes les nuances de nos sentiments, et même de la seule admiration. On en a d'ailleurs tellement usé et parfois abusé que leur banalité ne dit plus rien à l'esprit. Bornons-nous donc à admirer, sans essayer d'analyser et surtout de rendre nos impressions.

A la gare, les employés sont d'une extrême complaisance. L'un d'eux m'indique le sentier par lequel je rejoindrai, au plus court, la route de Marseille à Grenoble : celle-ci traverse le village situé beaucoup plus bas que la station. Uni et pleinement découvert durant quelques instants ce sentier tourne ensuite et s'engage entre des sapins, des pins sylvestres et quelques vieux chênes qui l'ombragent, puis il descend, de plus en plus abrupt, sur un sol très rocailleux, le long d'un large ravin. La grande route où l'on parvient enfin conduit par une pente rapide au plus bas d'une combe couverte, dans toute sa hauteur, de bois épais d'où sort un ruisseau d'une eau très claire et très fraiche. A deux pas du petit pont sur lequel on le traverse, s'arrondit un tertre peu élevé ; sur le tertre un frais gazon, et sur le gazon quelques arbres dont le feuillage promet une ombre précieuse au voyageur brûlé par le soleil. Tout à l'extrémité du tertre, une maisonnette ou logette en pierre, abandonnée, en assez mauvais état, mais qui, dès l'abord, n'attira guère mon attention.

Je jouissais depuis quelques instants du charme de cette profonde solitude, du murmure du ruisseau, des peupliers qui le bordent, des sombres forêts d'où il descend, quand mes regards se portant sur le gazon où j'étais à demi couché, je le vois tout semé de petits fruits ronds, rouges, dorés. Nul doute : ce sont des prunes mirabelles, des fruits de mon pays, plus petites, moins parfumées, et sans doute aussi d'un goût moins fin, d'une chair moins délicate que celles des environs de Metz et de maint canton de la Lorraine ; mais enfin ce sont des mirabelles. L'arbre qui les porte est très rare en Dauphiné, et c'est bien celui que je m'attendais le moins à rencontrer à cette altitude, au sein de cette Nature alpestre. Je n'en trouvai celle-ci que plus belle, grâce à ce don qu'elle m'offrait, et bientôt les souvenirs du sol natal s'unissant aux impressions que le temps et le lieu faisaient naître à l'envi les unes des autres, me voilà revoyant en imagination quelques paysages de mon pays, ceux au milieu desquels s'était écoulée mon enfance, et comparant leur simplicité, leur grâce, à la grandeur et à la majesté des montagnes.

Il y a donc pour toucher nos âmes et les

ouvrir au sentiment de la beauté, la grâce d'abord, puis la grandeur. Car, d'opposer la beauté elle-même à la grâce, je n'y songe pas et le vers du poète me semble au moins sujet à discussion :

> Et la grâce plus belle encor que la beauté.

Non : la grâce est belle comme la grandeur est belle, mais d'autre façon, et, dans la grandeur, — c'est, en effet, le terme qui les embrasse le mieux, — je comprends la dignité, la force, la noblesse, la majesté, toutes leurs dépendances, comme je renferme dans la grâce l'aisance, la facilité, la souplesse, l'abandon, le sourire. La grandeur élève l'âme, la grâce la touche ; mais pourquoi cette différence dans les deux aspects de la beauté, dans les pensées qu'ils font naître, dans les sentiments qu'ils inspirent ? L'âme qui entrevoit, qui reconnaît parfois clairement dans la grandeur quelque chose d'elle-même, de son prix, de ses hautes destinées, que voit-elle donc dans la grâce qui se rapporte également à elle, qui sorte aussi d'elle ? — La liberté peut-être. — Oui, la liberté, qui ne tient pas tout entière dans les définitions parfois étroites qu'on en donne, la liberté qui, de degrés en degrés, avec la pensée, et l'amour sa fidèle compagne, s'élève jusqu'à la création, création de l'artiste, création du poète, création du penseur, et qui se retrouve étroitement unie avec la grandeur, l'une et l'autre à leur sommet inaccessible, dans l'acte divin et sans cesse continué de la création des mondes et des âmes.

Mais c'est trop de philosophie même simplement ébauchée, pour l'heure présente et pour un lieu si paisible, si gracieusement encadré, si bien séparé du monde et même de la montagne qui le domine par un rideau de peupliers, de mirabelliers, d'arbustes de toute sorte. Il ne faut plus maintenant qu'un peu d'imagination, pour se croire dans une de ces retraites champêtres où tant d'hommes fatigués du tracas des affaires et des bruits de la ville, tant d'hommes d'étude surtout, ont rêvé de pouvoir jouir enfin d'eux-mêmes et de la Nature dans une paix profonde :

J'ai souhaité longtemps de posséder enfin
Dans un modeste enclos un paisible jardin,
Où, sans tarir jamais, coulât une onde claire ;
Même d'un petit bois l'ombrage salutaire [1]
N'eût pas été de trop. Les dieux m'ont accordé
Bien plus qu'en mes souhaits je n'avais demandé.
....

C'est Horace qui s'exprime ainsi [2], dans des vers

[1] *Sylvas inter reptare salubres* (Horace).

[2] *Hoc erat in votis : modus agri non ita magnus,*
.... *Sat.*, l. II, 6.

d'une simplicité, d'un naturel qu'on essaierait vainement de reproduire. Il y est revenu d'ailleurs au moins deux fois encore, et ce petit domaine il l'a si bien décrit, avec des détails si charmants, si précis, que je m'explique difficilement la peine que se donnent encore, à l'heure présente, de patients érudits, pour en retrouver l'exact emplacement. Mais n'est-ce pas une recherche d'un résultat plus que douteux ? Est-ce que la Nature, — c'est Horace encore, c'est Virgile, combien d'autres qui prennent soin de nous le rappeler en des vers d'une touchante mélancolie, — ne se plait pas à bouleverser parfois les lieux qu'elle semble avoir ornés avec le plus d'amour ? Est-ce que les hommes, à leur tour, ne viennent pas en aide à la Nature dans cette œuvre de destruction ? Où sont aujourd'hui les paisibles retraites auxquelles le doux Virgile croyait, en les célébrant, avoir donné l'immortalité ? Oui, l'immortalité de sa poésie divine, mais non celle des sites qui l'ont inspirée. Qu'importe, après tout, s'ils se sont transformés, si même ils ont disparu dans quelque bouleversement de la Nature ? Les beaux vers sont restés, et il suffit de se les réciter à soi-même, pour rendre par l'image et par la pensée une vie qui peut-être vaut bien l'autre aux lieux chantés par ces heureux génies. Combien n'ont jamais vu la Fontaine de Vaucluse qui s'en font, sur la foi de Pétrarque, une image aussi belle peut-être, et plus séduisante que la réalité !

Mais ce ruisseau qui bruit à deux pas de moi n'est pas la Fontaine de Vaucluse; il est toutefois pour quelque chose dans le mouvement de ma pensée. Il l'entretient, il l'accompagne, il la ranime, mais assurément il ne la règle pas, car elle va deçà, delà, avec assez peu d'ordre et de suite. La voilà qui revient à comparer les tableaux des paysagistes avec ceux des poètes, l'art de peindre avec des mots chez les uns, et chez les autres avec des couleurs. Puis elle se félicite de porter en elle, grâce à une mémoire moins riche du don de la Nature que soigneusement cultivée, assez de beaux vers des plus illustres poètes anciens et modernes, pour pouvoir suppléer de temps à autre à l'absence des musées et des collections privées. Les musées sont clairsemés dans le monde : on porte partout avec soi-même son âme et sa pensée. Il importe peu, après tout, que l'image se forme au dedans de nous à la vue d'un tableau, d'une statue, à l'audition d'une symphonie, ou seulement au simple rappel, à l'évocation d'un beau vers. La fin de l'art est de toucher, de ranimer, de purifier, d'élever l'âme : cette fin peut être réalisée dans un cas comme dans l'autre, et c'est tout ce qu'on désirait.

Mais il y a donc dans la Nature et au sein de la Nature, dans une riante solitude, un attrait bien fort, bien mystérieux, pour que tant d'hommes, riches et pauvres, ignorants ou savants, souhaitent également d'en jouir ! Sans doute ils croient que là seulement ils trouveront la paix ; et, de fait, les âmes les plus agitées, les plus troublées l'y ont parfois reconquise. La Nature, comme pour récompenser la confiance qu'ils lui témoignaient leur a communiqué, au moins en passant, quelque chose de son calme inaltérable. Qu'est-ce donc, à son tour, que cette paix si ardemment, si constamment désirée, invoquée par tous tant que nous sommes, cette paix que la grande Église, l'Église catholique, demande à Dieu par J.-C. et pour tous ses enfants, à chaque page de sa liturgie ? Est-il un vœu plus souvent répété ? En est-il un plus rarement exaucé, du moins ici-bas ? C'est sans doute que la paix, même celle dont on espère jouir aux champs, loin du tumulte de la ville, ne doit être qu'en passant, pour rafraichir l'âme et lui rendre des forces pour de nouveaux combats. C'est que le travail avec la souffrance est, avant tout, la loi de l'homme ici-bas, et que ceux dont les chants immortels ou les pages éloquentes ont le mieux célébré les attraits de la Nature, ont été aussi presque toujours les plus éprouvés par la douleur, par de violentes passions, par de rudes labeurs, par les alternatives de la bonne et de la mauvaise fortune !

Et cette maisonnette qui commence à attirer mes regards, cette logette abandonnée, aurait-elle été autrefois, récemment peut-être, la demeure d'un déchu, d'un pauvre, d'un exilé volontaire ? L'habitait-il en toute saison ou seulement en été ? Mon imagination, à défaut d'indications sérieuses, pouvait se donner libre carrière : elle le fit l'espace de quelques instants. Ajoutés à ceux qui les avaient précédés depuis que je me reposais sur le *tertre aux mirabelles*, ces courts instants formaient-ils tous ensemble un temps un peu long ? Un quart d'heure peut-être, vingt minutes au plus, en les évaluant d'après nos mesures ordinaires. Est-il possible qu'en un intervalle aussi court tant d'idées et d'impressions se soient succédé dans mon esprit, sans compter celles que mon Journal rapidement écrit sur une table d'auberge n'a pas mentionnées. Qu'est-ce donc que le temps ? A-t-il pour tous les hommes, pour tous les actes humains, la même durée ? Il y a des minutes qui durent plus que des jours ; il y a des jours, même des années qui passent comme passerait un instant. Qu'est-ce donc que le temps ?

Le Monestier-de-Percy, 25 août 1893.

A une demi-lieue à peine l'un de l'autre s'élèvent, sur deux hauteurs parallèles semblables à des promontoires dominant le Trièves jusqu'à ses derniers confins, le Percy et le Monestier-de-Percy. Un vallon les sépare où coule à travers peupliers, saules et prairies, le ruisseau qui, descendu avec rapidité des hauteurs de Notre-Dame-d'Esparron, se fait de plus en plus doux et pacifique, lorsqu'il débouche dans la plaine. Il ne tarde pas d'ailleurs à confondre ses eaux avec celles de l'Hébron, à une faible distance au-dessous des deux villages. Ceux-ci ont chacun leur église aussi bien entretenue que le permet leur pauvreté. Dans un ermitage plus pauvre encore situé dans le vallon, ceux qu'éprouve quelque affliction ou que menace quelque danger viennent invoquer saint Roch qu'on y honore particulièrement. Ajoutons, pour ne rien omettre, qu'au Monestier, sur la pente de la colline la mieux exposée au soleil, la vigne est cultivée, et le raisin mûrit presque tous les ans, comme d'ailleurs à Prébois, à Mens et dans quelques communes favorisées du Trièves. Il est vrai que les vendanges s'y font au plus tôt au milieu d'octobre, quinze jours après celles de la plaine. On m'a dit, à mon arrivée à l'auberge du Monestier, beaucoup de bien des deux jeunes curés de ces deux paroisses voisines, aussi zélés que prudents et intelligents. Pour le moment, je ne connais encore que le personnel de l'auberge fort propre et fort bien tenue, mais où je dois un souvenir tout spécial à la mère de l'aubergiste.

Veuve depuis plusieurs années, Mme X..... a gardé sur sa famille, par le seul ascendant de son intelligence et de sa bonté, l'autorité dont elle jouissait du vivant de son mari. Mais si tout le monde, au village aussi bien qu'à la maison, l'aime et la vénère, c'est qu'elle est prévenante et serviable pour tous sans exception. Fidèle en toute simplicité de foi à ses devoirs religieux, elle n'oublie de célébrer aucun des anniversaires heureux ou douloureux de la famille dont elle est la tradition vivante. Dans sa carrière déjà longue elle n'a pas seulement donné aux siens l'exemple du travail, il n'est pas peut-être, dans tout le village, une seule famille qui n'ait quelque motif de se souvenir d'elle avec reconnaissance. On dirait même qu'elle porte plus d'affection à ses parents les moins fortunés, les plus éloignés, si éloignés parfois qu'elle-même ne sait plus à quelle filiation lointaine elle doit l'honneur de les avoir pour cousins et pour cousines. Quinze ou vingt fois au moins, sans rien exagérer, elle a accepté d'être marraine et surtout, dans la suite, elle n'a jamais oublié qu'elle l'était; aussi prête à donner une robe, ou une blouse, ou un chapeau à quelqu'un de ses nombreux filleuls des deux sexes, qu'à leur adresser une vive et franche remontrance, ou à les munir d'un bon conseil.

Mais, j'y songe, ma bonne hôtesse doit avoir connu le *Sacripant,* et elle pourra me donner sur lui des renseignements certains, détaillés. Le Sacripant, — je ne sais encore que son nom, ou plutôt son surnom quelque peu inquiétant, — est l'homme qui a longtemps vécu dans la maisonnette, à une heure tout au plus d'ici, sur le tertre aux mirabelles. On n'a répondu jusqu'à présent à mes questions sur lui qu'avec des réticences et une discrétion qui piquent ma curiosité: j'en veux savoir davantage. Mais, auparavant, j'ai une course à faire au Percy et une lettre à écrire.

Lettre a M. Antoine Jorrand.

Le Monestier-de-Percy, 26 août 1893.

Mon cher Antoine,

Voici une lettre bien mal venue, bien mal apprise de vous parler montagnes, escarpements, défilés, cols, rochers sauvages, quand vous êtes peut-être, dans votre nouvel atelier dont on m'a dit des merveilles, tout entier à la conception ou à l'exécution de quelque gracieux paysage. N'importe : mon désir est plus fort que vos convenances, et puisque décidément vous ne voulez pas ou vous ne pouvez pas aller à la montagne, il faut bien que la montagne aille à vous, et qu'elle vous dise les idées qu'elle a éveillées, les impressions qu'elle a produites dans mon esprit, non pas toutes, il y en aurait pour trop longtemps, mais au moins quelques-unes, en courant et sans appuyer.

Le village où j'habite depuis un peu plus de vingt-quatre heures est si bien situé, à une altitude de mille mètres, sur une sorte de promontoire dominant un cirque immense, le cirque du Trièves, qu'on peut, si l'on choisit convenablement son poste d'observation, embrasser une longue suite de montagnes courant dans toutes les directions, à toutes les distances, sur un espace de quinze à vingt lieues, et compter jusqu'à quarante sommets nettement séparés les uns des autres. Or, le ciel est pur d'une pureté parfaite, l'air très calme, et la lumière, sur l'immense plateau qui fait d'ici l'effet d'une plaine légèrement ondulée, sur les collines, sur les montagnes, sur les forêts, sur les glaciers lointains, la lumière se joue librement, et produit, à proportion des distances et suivant la nature des objets qui la reflètent, les effets les plus variés, les plus inattendus. Mais ce qui domine, au point qu'on serait tenté d'oublier tout le reste, c'est, au sein de cette paix profonde, tous ces sommets se dressant, à l'envi les uns des autres, dans l'azur sans tache où chacun d'eux semble élever jusqu'au ciel son hommage et sa prière.

Voilà qui est bien religieux, direz-vous sans doute;.... aussi sincère, aussi naturel que religieux, mon cher ami, et comme imposé par la grandeur même du spectacle. Croyez-vous que beaucoup d'hommes tant soit peu sensibles au charme de la Nature n'éprouveraient pas, s'il leur était donné d'en jouir, les mêmes émotions, ne concevraient pas les mêmes pensées! Seuls, peut-être, encore n'en suis-je pas sûr, quelques excursionnistes endurcis, uniquement préoccupés d'escalader les premiers des cimes réputées inaccessibles et d'y devancer leurs rivaux, pourraient ne pas songer à Dieu au milieu de ces monts superbes, dans ces solitudes rarement visitées auxquelles succèdent, pour peu qu'on les dépasse, d'immenses horizons où se perdent le regard et la pensée, mais surtout en présence de ces géants comme rangés en bataille dont je vous parlais tout à l'heure, et dont l'hommage qui ne languit jamais supplée du moins à l'indifférence des hommes.

Mais ces merveilles de la montagne, si différentes de celles que nous voyons dans la plaine, l'art, peinture ou poésie, peut-il les reproduire avec assez de perfection pour que notre âme en soit émue comme je viens de l'être, il n'y a qu'un instant, en leur présence? Laissons de côté la poésie, dont on peut dire que, si elle y est parvenue quelquefois, elle n'a fait le plus souvent que se perdre dans de minutieux et confus détails, qu'accumuler les épithètes sonores et vides, au point d'imposer à l'esprit plus de fatigue qu'elle ne lui apportait d'émotion sincère et de plaisir. Son vrai domaine, du moins il me semble, quand elle veut décrire et peindre, ce sont les collines couvertes de vignes, couronnées de forêts, les vallées paisibles, les ruisseaux, les fontaines, leurs ombrages; encore faut-il qu'elle le fasse avec sobriété, en quelques traits rapides, bien choisis, décisifs. Mais la peinture, à son tour, a-t-elle le droit d'aborder la montagne? L'a-t-elle fait? Y a-t-elle réussi? Calame, ses élèves, ses successeurs dans la Suisse; en France, l'abbé Guétal, dont je vous ai parlé plus d'une fois, sont-ils parvenus à faire aimer la montagne à ceux qui ne la connaissent que par leurs tableaux, à la faire revivre aux yeux et dans l'âme de ceux qui l'ont explorée? Voilà bien des points d'interrogation, plus de points d'interrogation assurément que de réponses : j'en laisse le soin à ceux qui, mieux instruits que je ne suis, ont droit de nous les donner.

Notre abbé Guétal aimait et comprenait la montagne comme seuls ses vrais amis, ceux qui ont lié un commerce intime avec elle, l'aiment et la comprennent. Prêtre plein de foi, peintre passionné pour son art, il estimait que ces grandes œuvres de Dieu, nos Alpes, nos Pyrénées, dans leur majesté visible à tous les regards, dans leurs solitudes connues seulement d'un petit nombre, devraient contribuer à sa gloire et élever vers Lui la pensée. le cœur des hommes plus qu'elles n'ont fait jusqu'à présent. Il a, pour sa part, à force de persévérance et de travail, dissipé beaucoup de préjugés, renversé quelques barrières, forcé les portes du Salon qui se fermaient obstinément aux peintres de la montagne; il lui a conquis, non pas tous les suffrages, mais du moins ceux des maîtres, ce qui est bien quelque chose. S'il eût vécu plus longtemps, sa victoire eût-elle été plus complète ? Celle de la montagne le sera-t-elle jamais en peinture, et si ses retraites les plus cachées, si ses lacs solitaires ont aujourd'hui de nombreux admirateurs, sera-t-il aussi facile de mettre en scène ces masses énormes dont la prodigieuse hauteur nous effraie, et pourtant d'y introduire ces proportions harmonieuses, parfois même, si ce n'est pas trop dire, cette grâce dans la grandeur qui y sont réellement ? Encore un point d'interrogation : *et adhuc sub judice lis est.*

Notre pauvre abbé ! Il serait surpris, sans doute, mais sa surprise ne durerait que le temps de s'expliquer, s'il m'entendait affirmer que, dans ses plus belles œuvres, l'objet de mes préférences, de ma sincère admiration, ce n'est pas ce que les connaisseurs, ou ceux qui se donnent pour tels, prisent par-dessus tout le reste. Dans son *Lac de l'Échauda*, par exemple, la jouissance est réelle, j'en conviens, de constater la parfaite imitation de la Nature, la transparence des eaux reflétant, avec une sincérité sans égale, tous les objets qui les entourent ; mais si l'impression est agréable, elle n'est ni profonde, ni durable, le charme s'évanouit bientôt. Parfois même, je ne sais quelle tristesse se mêle à mon plaisir, quand je songe aux fatigues subies, aux intempéries bravées durant les longues heures d'étude qui ont rendu possible une imitation aussi exacte, aussi pleine de vie, et qui, très certainement, ont engendré la maladie, finalement amené la mort prématurée du saint prêtre. En somme, ces beautés très réelles, mais à mon humble avis, d'ordre inférieur, surtout si rien ne s'y ajoute, ce qui n'est pas ici le cas, pour les relever, c'est dans la peinture, et même dans tous les arts, ce que vous me permettrez d'appeler la part du *pur sensible*. L'âme, sans l'intervention de laquelle les sens ne pourraient être affectés, ni entrer seulement en action, l'âme y est sans doute pour quelque chose : c'est elle qui voit, elle qui analyse, elle qui jouit, et pourtant sa part est loin d'égaler celle des sens.

Qu'est-ce donc qui agit si vivement sur elle, qu'est-ce qui me fait, devant ce *Lac de l'Échauda*, où il n'y a, semble-t-il, de place que pour la Nature livrée à elle-même et à elle seule, où l'on n'en a laissé aucune, du moins en apparence, à l'expression des sentiments humains (l'*expression*, ce deuxième degré de l'art, supérieur au pur sensible) ; qu'est-ce qui me fait rêver, sentir, penser, m'absorber dans mes pensées ? Je vais vous le dire tout de suite, mon cher ami, et sans hasarder une description qui, si claire, si fidèle que je réussisse à vous la donner, ne remplacerait pas la vue même du tableau ; c'est que spectateur silencieux dans cette scène muette, non seulement j'y vois, grâce à l'habileté de l'artiste, circuler l'air invisible et courir la lumière mobile, changeante, et pourtant toujours la même, des bords du lac au sommet des monts ; mais c'est qu'entre deux de ces monts les plus élevés, un horizon sans fin s'ouvrant tout à coup devant mes regards, c'est l'infini lui-même dont la pensée a pénétré mon âme et l'a soudain remplie.

L'Infini ! vous me trouverez peut-être, mon cher Antoine, bien exclusif et aussi bien rêveur, et, pourquoi pas le dire, un peu mystique, de faire de lui le point culminant de l'art, et vous me demandez pourquoi je le préfère à l'*Idéal*, par exemple. — Comme on préfère le tout à la partie, voilà en deux mots ma réponse, l'idéal n'étant qu'un aspect de l'infini, celui que nous, habitants de la terre, vivant de la vie physique, en même temps que de la vie de l'âme, nous opposons avec juste raison, par d'incessants et nobles efforts, à la matière toujours prête à nous envahir et à nous dominer, nous et nos œuvres, même celles de l'art.

— Mais l'infini n'est-il pas trop abstrait, trop vague à force d'être immense, trop peu vivant ?

— Erreur, mon ami, grave erreur : l'infini c'est la vie même, la source de toute vie, la source de l'amour, de la pensée, de tout ce qu'il y a en nous de pur, de généreux, de grand. Rentrons dans l'art pour n'en plus sortir. N'est-ce pas lui qu'entrevoit, dans une soudaine révélation, ce regard de *Sainte Cécile* dont la peinture, grâce au génie inspiré de Raphaël, a pu faire le regard de l'invisible, tellement il est détaché de la terre et déjà rempli du ciel ! N'est-il pas cet Infini, cet Idéal vivant, dans ce *Saint Jérôme expirant* du Dominiquin partagé entre l'amour du Dieu encore caché sous les voiles eucharistiques, et du même Dieu que, rassuré par les mérites d'une longue vie dévouée à son service, il espère contempler bientôt dans sa gloire !

Voilà deux exemples : j'en pourrais citer bien d'autres, en demander à la sculpture, plus riche, sous ce rapport, s'il est possible, que la peinture. Je pourrais vous rappeler, dans le *Napoléon mourant* si justement admiré à l'une des dernières grandes Expositions, ce front puissant où la pensée, on le sent, ne va s'éteindre que pour se ranimer à sa source éternelle, où le regard ne se ferme ici-bas que pour se rouvrir aussitôt dans l'infini de la lumière. Et ces tombeaux de marbre ou de pierre qui remplissent nos cathédrales, en même temps qu'ils proclament le néant de ce qui passe, n'élèvent-ils pas nos âmes à la pensée de ce qui ne passe point, à la pensée de l'Infini ? Ces cathédrales elles-mêmes, ces œuvres d'un art incomparable, tiennent-elles un autre langage ? Ne font-elles pas entendre la même voix, aussi bien dans leur majestueux silence qu'aux jours des fêtes solennelles, quand retentissent sous leurs voûtes les chants où l'on célèbre les mystères et les bienfaits de l'Infini !

Prenez-vous en, mon cher Antoine, aux montagnes au milieu desquelles je vis depuis quatre ou cinq jours, si le ton de cette lettre s'élève parfois plus que de raison : ce sont les vraies, les seules coupables. C'est vous d'ailleurs, vous et vos collègues, vos amis, les paysagistes qui allez me ramener au ton simple, naturel. N'êtes-vous pas, vous aussi, les familiers de l'Infini? N'entretenez-vous pas avec lui un commerce discret, mais intime, dont on voit les suites dans vos inspirations les plus heureuses? Il est vrai que semblables en cela à tous les hommes inspirés, poètes, sculpteurs, musiciens, vous savez d'autant moins ce que vous faites et d'où vient l'inspiration, que le dieu est alors plus maître de votre pensée et de votre main que vous-même. Vous croyez peindre un *Sous-bois* étroitement limité de toute part, bien mystérieux, bien obscur, et voilà qu'entre deux arbres, au plus épais du fourré, l'infini se glisse sous forme d'un rayon de lumière, ou d'un petit fragment d'horizon qui va se perdre dans l'espace sans bornes. Vous me renfermez loin du monde et des hommes, dans une solitude sauvage ou riante, peu importe, où l'air et la lumière jouent sans doute librement, mais où vous multipliez les traits, les intentions qui la rendent profonde, ignorée. Croyez-vous qu'ainsi livré à moi-même à la vue de cette retraite, où je serais d'ailleurs heureux de m'enfermer quelques jours, le sentiment de l'infini ne viendra pas bientôt, comme chez les ermites du désert et par un contraste qui s'impose, envahir mon âme et la remplir? Oui, croyez-le bien, et peut-être n'ai-je pas besoin de vous le rappeler, grands ou gracieux paysagistes, vous ne faites pas seulement dans vos tableaux, à côté du pur sensible si attrayant chez vous, une large part à l'expression; vous ne vous bornez pas à faire parler à vos arbres, à vos fleurs, à vos bois, à vos fontaines, à vos demeures champêtres, à vos roseaux, à vos chênes séculaires, le langage de l'art si voisin de celui de la parole humaine. Pour nous rappeler au sentiment et à la pensée de l'Infini, vous avez le ciel avec ses espaces sans fin, la lumière avec ses aurores, son midi, ses crépuscules, avec le doux et mystérieux éclat de ses nuits étoilées; vous avez les horizons lointains, en un mot tout ce qui, dans la Nature, mers, rochers, montagnes, rappelle la grandeur, l'immensité, et de tout cela vous savez merveilleusement vous servir.

Je conviens avec vous que pour découvrir ainsi l'Infini, c'est-à-dire Dieu dans la Nature et dans l'art, il faut n'en avoir pas entièrement effacé l'idée dans son esprit, l'amour dans son cœur; mais, en vérité, est-il un seul homme, assez coupable, assez dégénéré, pour qu'il ne lui en reste pas au moins quelque faible souvenir! Pour tous les autres et à tous les degrés, les spectacles de la Nature, les chefs-d'œuvre des arts, indépendamment des chastes plaisirs qu'ils procurent, sont pour la pensée un aliment qui ne s'épuise point. Vous savez combien j'aime le domaine rustique auquel, après de longues années d'abandon, vous avez rendu la vie, en ajoutant à ses attraits anciens des charmes nouveaux. J'y revois avec autant d'intérêt que de satisfaction esthétique, dans ce qui reste du vieux château, les fresques dont vous en avez avec infiniment de goût orné les murs intérieurs. Je passe volontiers quelques instants dans le petit bois que votre père, mon excellent ami, qui n'a jamais vu, je crois, nos forêts de la Lorraine, aime d'une affection toute spéciale, et, au retour, en approchant de l'antique manoir, j'admire sur le large chemin qui monte doucement les arbres vigoureux qui l'ombragent; mais, moi aussi, j'ai comme votre père mes préférences. Elles sont pour un coin reculé de votre jardin, tout à l'extrémité de la terrasse qui domine au loin les campagnes voisines. De ce point où vous avez eu l'heureuse pensée d'établir un banc rustique, le regard s'arrête tour à tour sur des champs cultivés, des prairies, des bouquets de bois, des collines, pour se perdre du côté de Felletin et du plateau central, au cœur même de la France, sur des horizons sans bornes. Est-ce l'inconnu, est-ce l'infini qui m'attirait là-bas et m'y retenait? Peut-être les deux à la fois, mais j'y suis souvent et longtemps demeuré, tout entier au plaisir de rêver et de penser; c'est bien volontiers que j'y retournerais encore. Voilà l'effet que produit sur moi, quand je suis de loisir, toute vue ouverte sur l'infini, qu'elle me soit offerte par la Nature ou par l'art. Mais de dire si c'est la montagne avec ses hautes cimes dressées vers le ciel, ou les vastes plaines sans fin, ou les collines s'éloignant et s'abaissant peu à peu pour laisser place entre elles à l'espace libre et illimité, qui éveillent plus directement dans mon âme le sentiment de l'infini, c'est ce que je ne saurais encore décider. Peut-être faudra-t-il que je retourne au Fôt, pour comparer et prendre un parti définitif. C'est du moins mon vif désir, si ce n'est pas encore une promesse.

Bien affectueusement à vous, mon cher Antoine.

C.-C.

P. S. J'oubliais de vous dire que l'abbé Guétal, dans les dernières années de sa vie, se reposait d'étudier et de peindre la montagne en allant avec son ami, M. Hareux, explorer votre chère vallée de la Creuse, dont il connaissait presque aussi bien que vous et commençait à reproduire les sites les plus pittoresques : vous savez qu'ils n'y manquent pas.

—×—

JOURNAL

Le Monestier-de-Percy, 26 août, au matin.

Le Sacripant.

J'ai obtenu sur le Sacripant assez de renseignements pour reconstituer, à quelques lacunes près, sa biographie : je les consigne dans mon Journal avant de me rendre à Notre-Dame-d'Esparron où je souhaite d'arriver seulement entre onze heures du matin et midi : ce sera ma dernière station. Le chemin, m'a-t-on dit, est très raide, mais bien ombragé à partir du grand Viaduc : c'est là que commence la véritable montée. Je trouverai d'ailleurs, pour m'y reposer, quelques fraîches retraites sur le bord de la route, et, en guise de sièges, des troncs d'arbres prêts pour le charroi et destinés aux villages voisins.

Qu'il soit difficile d'écrire l'histoire et de juger,

en parfaite connaissance de cause, ceux qui y ont joué les seconds et même les premiers rôles, je n'en ai jamais douté, j'en suis plus sûr encore aujourd'hui. Voilà non pas un diplomate, un chef d'armée, un homme politique, mais un pauvre hère de village dont la vie s'est écoulée, à part les sept années de service militaire, dans les limites du canton où il est né. Il y est mort après avoir fourni une longue carrière de soixante-quinze ans; une foule de ses compatriotes l'ont connu, l'ont fréquenté; ils l'ont surnommé le Sacripant, et quand je leur demande ce que ce mot signifie, pourquoi ils le lui ont appliqué, voilà qu'ils ne s'entendent plus du tout. Pour les uns, le Sacripant a été, du premier au dernier jour de sa vie, un homme vicieux, un débauché, un propre à rien; pour les autres, c'était un bon diable, plus original que méchant, ne travaillant qu'à ses heures, quand il lui plaisait, mais dépensant généreusement avec ses amis, qui étaient aussi ceux de la dive bouteille, l'argent qu'il avait gagné. On s'accorde pourtant à dire que tour à tour berger, manœuvre, mineur, il était devenu très habile dans ce dernier métier, et qu'il y a parfois gagné de grosses sommes. Peu à peu le goût de la solitude qu'il avait toujours aimée avait fini par l'envahir: il passait sa vie dans les bois, et on le voyait de moins en moins au Monestier où il avait longtemps habité, encore est-ce en location, une misérable cahute. Très expert dans la connaissance des plantes médicinales, gentiane, belladone et autres qui croissent dans les forêts et sur la montagne, il en fournissait les pharmaciens du Trièves. C'était, dans les derniers temps de sa vie, son unique ressource, car le travail de la mine était devenu trop pénible pour ses forces épuisées. Réfugié, au moins durant la belle saison, dans la logette du Tertre aux Mirabelles, c'est là qu'on l'avait un jour trouvé mort, près d'une chaudière encore pleine de la belladone qu'il venait d'y faire bouillir. N'était-il victime que d'un accident, avait-il succombé à une congestion, ou avait-il volontairement mis fin par le poison à sa triste existence, on ne l'a jamais su, et peut-être ne s'en est-on jamais sérieusement occupé.

N'importe : voilà qui déflore légèrement mon *Tertre aux Mirabelles*, et la poésie que je commençais d'y mettre est sérieusement compromise. Pour lui en laisser tant soit peu, faisons du Sacripant un homme encore plus malheureux qu'il n'a été vicieux et coupable. Ce qu'on m'a dit de ses tristes ancêtres du côté maternel, du crime de l'un deux, de son enfance abandonnée, de sa profonde ignorance de toute chose religieuse, permet de lui accorder au moins les circonstances atténuantes. Pourquoi même n'aurait-il pas distrait une fois, qui sait? plusieurs fois, avant boire, pour soulager un pauvre plus pauvre que lui, un peu de la grosse paye qu'à ses grands jours de travail il lui arrivait de toucher : il me semble qu'on me l'a dit. Qui nous défend même de croire qu'il aura élevé vers Dieu, — il avait, sur le tard, appris à le connaître, en travaillant pour le chapelain d'Esparron, — au moment de paraître devant Lui, un cri de repentir, un appel à sa miséricorde? C'est le parti auquel je m'arrête, dans l'intérêt de l'âme du Sacripant, et aussi dans celui du *Tertre aux Mirabelles* et de mes souvenirs qui garderont ainsi tout leur charme.

Notre-Dame-d'Esparron, 26 août 1893.

J'ai voulu ce matin, avant de quitter le Monestier, contempler une dernière fois le Trièves dans toute son étendue, car je n'en verrai plus, encore est-ce en me retournant, qu'une portion de plus en plus réduite sur la route qui conduit à Notre-Dame-d'Esparron. C'est le même cadre, ce sont les mêmes montagnes, mais une brume très légère que le soleil dissipera bientôt en a changé complètement l'aspect. Hier, sous les feux du soleil couchant, grâce au calme absolu de l'air et à la pureté du ciel, tout était lumière, grandeur, majesté. Deux vers de Sophocle, dans le rôle et la tragédie d'Antigone me revinrent même alors à la mémoire :

« ὦ φάος ἄγνον! ὦ γῆς ἰσόμοιρος ἄηρ! »

« O chaste et pure lumière ! O vous, air et terre qui vous partagez également l'espace ! » Qu'ils fussent ou non de circonstance, ils n'étaient pas sans quelque rapport avec ce spectacle et surtout avec l'impression qu'il produisait en moi. Aujourd'hui on dirait que les montagnes se sont éloignées et quelque peu abaissées ; leurs angles sont moins saillants, leurs arêtes moins vives ; leur grandeur a, dans l'éloignement, quelque chose de plus doux et de plus poétique. Elles me font songer à la ligne bleue des Vosges, telle qu'on l'aperçoit de Lunéville et surtout de Saint-Dié, ou encore à celle des Pyrénées dont les sommets aux formes variées se succèdent sans fin aux limites de l'horizon, quand de la terrasse que domine à Pau le château d'Henri IV on tourne ses regards vers le Midi. Il semble d'abord que cette barrière des monts lointains exclurait l'infini plutôt que de nous en parler :

il n'en est rien. C'est par le sentiment de l'inconnu, du mystère que cette grande idée reprend possession de nos âmes. Elles se demandent ce que cachent ces sommets dont elles devinent la grandeur, pourquoi ils se sont étroitement enchaînés les uns aux autres, quels mystères ils s'efforcent de nous dérober. Ils font rêver, puis ils font penser, et c'est toujours l'infini qui est au fond de ces rêves et de ces pensées. La limite l'appelle, le proclame aussi bien que la grandeur : la grandeur par elle-même et directement, la limite, c'est-à-dire le fini, parce qu'il ne se suffit pas. Grandeur et petitesse, univers sans bornes et atomes invisibles, ne se perdent-ils pas les uns et les autres dans les mêmes abîmes de l'infini !

*
* *

La ferme de Casseyre.

Cette pensée de l'infini ne devait plus me quitter le long de la route que je suivais, sans me presser, après avoir, entre neuf et dix heures du matin, pris congé de mon hôtesse et de sa famille. Elle me revint, à la première station que je fis à l'ombre d'un beau marronnier attenant à la ferme des Aiguillettes, sous la forme d'un souvenir, celui du discours prononcé par notre illustre Pasteur le jour de sa réception à l'Académie française. Il y affirma sa foi profonde à un Infini auprès duquel le monde physique tout entier n'est qu'un pur néant, à un Infini plein de mystères, contenant tous les mystères. Nous sommes loin, me disais-je, de ces vers de Béranger :

> Il est un Dieu : devant lui je m'incline,
> Pauvre et content, sans lui demander rien.

Voilà sans doute qui est d'un homme confessant Dieu, c'est quelque chose, mais fort content de lui-même, et tout prêt à traiter d'égal à égal avec ce Dieu dont il n'a pas une idée bien haute, et dont le secours lui est d'ailleurs inutile. Pour moi ce serait peu de m'incliner, comme je le ferais devant un homme ; je m'abîme à la suite de Pasteur, de tous les vrais savants, de tous les grands philosophes, dans la pensée de l'Infini ; je m'humilie, j'adore, je prie. Car l'Infini ce n'est pas une creuse abstraction ; ce n'est pas l'*indéfini* dont la limite ne m'est point connue, mais dont je suis assuré que la limite existe ; ce n'est point l'*infini mathématique* que je dépasse, malgré son infinité, de toute la hauteur de mon être raisonnable, aimant et libre ; c'est l'Être infini, l'Être des êtres, Celui dont la pensée, l'amour, la liberté sont sans bornes et échappent aux prises de mon intelligence qui les connaît, les affirme, et ne saurait les comprendre. Mais s'il m'est impossible de pénétrer dans son essence je le découvre dans ses œuvres où il a mis, puisqu'il est l'Infini, partout présent, partout agissant, quelque chose de lui-même, davantage dans les unes, moins dans les autres, comme il lui a plu dans son absolue liberté. Je le découvre en moi, dans ma raison, car s'il n'y était pas, s'il ne lui avait pas communiqué une parcelle de sa Raison divine, semblable à l'animal je ne le verrais pas dans la Nature, je ne transporterais pas ce peu que j'ai reçu de Lui, en pur don, dans les œuvres de l'art et dans celles de la pensée.

Puis je songeais de nouveau, en jetant un dernier regard sur le frais vallon qui sépare les deux villages, à l'erreur des panthéistes qu'un aveugle, un fol amour pour la Nature et ses charmes extérieurs empêche de découvrir le Dieu qui l'a faite et la conserve, le Dieu d'où procèdent toutes les beautés que nous aimons et admirons en elle. Plus étonnante encore l'erreur contraire de ceux qui, au lieu de disperser l'Infini dans la Nature, comme le font les panthéistes, l'emprisonnent dans notre âme où ils le réduisent à n'être qu'une idée de notre esprit à laquelle rien, absolument rien, ne correspond en dehors de nous et de notre pensée.

Mais la pure idée du Beau absolu, parfait, le charme aidant de cette délicieuse matinée, reprenait bientôt sur moi son empire, et venait au secours du raisonnement pour m'affermir dans la vérité. Le souvenir de quelque chef-d'œuvre de l'art se joignant au sentiment actuel et très vif des attraits de la Nature, j'apercevais distinctement dans les uns et les autres la trace de l'Infini, mais rien que sa trace, sûr que sa réalité est ailleurs. Je sentais passer sur mon front, avec la brise du matin, le souffle du Tout-Puissant, du Tout aimable et Tout aimant, comme dit encore Goethe, je crois me le rappeler, dans cette lettre de Werther qui m'était revenue l'autre jour à la mémoire; mais si rafraîchissant, si vivifiant qu'il fût, ce n'était que son souffle. Ce qu'il laisse de lui-même dans ses œuvres et dans celles de l'homme, de l'artiste surtout et du poète, quand il veut bien, en les inspirant, travailler avec eux, tout cela c'est sa trace, c'est son ombre, ce n'est pas Lui. On pourrait dire que son Être n'en est pas diminué d'une parcelle, si l'Infini n'était pas aussi l'Indivisible, et s'il ne demeurait point, après la création des univers que nous pouvons concevoir, et de ceux qui dépassent les forces de notre pensée, la richesse de notre imagination, exactement ce qu'il était auparavant. Encore ces mots *avant, après*, sont-ils du langage humain, et n'ont plus aucun sens quand on les applique à Dieu. Celui de *création*, au contraire, ramenait ma pensée aux plus hautes régions de l'art, car dans l'art comme en Dieu, à la distance, bien entendu, qui sépare l'image de l'original, rien ne surpasse cet acte d'une suprême liberté agissant de concert avec l'amour et la pensée dans leur perfection en Dieu, à leur plus haut degré chez l'homme de génie.

Je n'aurais pas épuisé de sitôt ce sujet de la création dans l'art comparée à la création en Dieu, et mes réflexions auraient pu longtemps encore se donner libre carrière, si je ne m'étais trouvé tout à coup, au détour du chemin qui allait depuis un quart d'heure descendant avec rapidité, en face d'une grande maison de ferme, bâtie sur le bord du ruisseau qui descend de la Combe d'Esparron. Vis-à-vis la maison de ferme, à une faible distance, une maison de maître à un seul étage, mais vaste et de belle apparence. Portes et volets étant exactement fermés, j'en conclus qu'elle n'était pas occupée au moins pour le moment : d'ailleurs point de parc, point de jardin d'agrément ou de jardin potager, rien en un mot qui indiquât une demeure autrement habitée que par intervalles et en passant. L'intérieur du domaine s'apercevait, en effet, de la grande porte largement ouverte, et par-dessus les haies assez basses qui formaient sur plusieurs points l'unique clôture[1]. A deux pas de la porte, autour d'une sœur aînée qui me parut avoir de quinze à seize ans, quatre ou cinq marmots s'agitaient, piaillaient, se disputaient, se distribuaient largement des taloches, tous actes répréhensibles au premier chef qu'elle ne parvenait pas à réprimer, d'autant qu'elle portait entre ses bras le dernier né de cette nombreuse famille. O vous qui croyez, sur la parole de Jean-Jacques, à l'impeccabilité de l'enfance, tant que la société ne l'a pas corrompue, voyez, dans cette solitude profonde et loin de toute civilisation corruptrice, ces bambins qui se battent, qui s'arrachent les cheveux pour une pomme, pour une poire, moins que cela, pour un noyau de pêche, et dites-moi.... Mais où êtes-vous ! Est-ce que Rousseau n'aurait plus de disciples? Est-ce qu'il serait seul de son avis? Il en aurait certainement changé lui-même, s'il avait élevé un seul des quatre enfants dont il s'empressa de confier le sort à la charité publique.

[1] Le domaine de Casseyre s'est, depuis cette époque, entièrement transformé, et l'art y est venu, avec beaucoup de goût, autant que le permettait la disposition des lieux, en aide à la nature. La seule chose qui n'ait point changé c'est l'accueil si cordialement hospitalier de la maison de maître : c'est aussi l'active et intelligente charité qui s'exerce tour à tour à la ville et à la campagne.

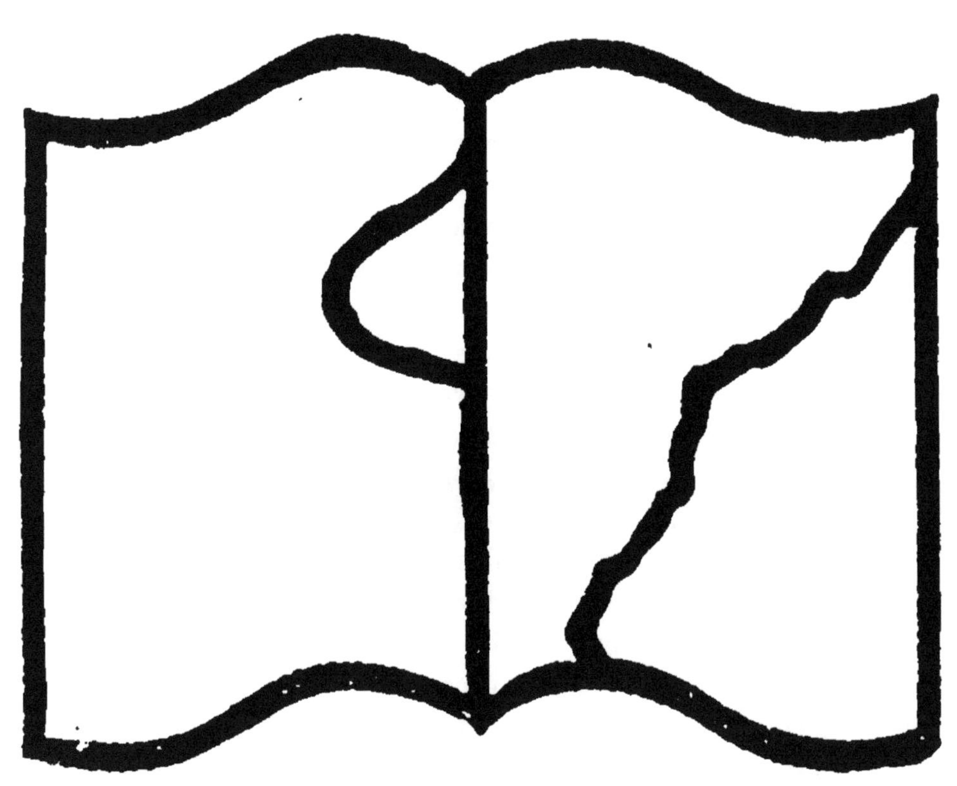

Texte détérioré — reliure défectueuse

NF Z 43-120-11

Deux vigoureux marronniers au feuillage luxuriant que j'aperçois, à peu de distance, sur le bord du ruisseau éveillent en moi le désir de me reposer quelques instants à leur ombre. La sœur aînée autour de laquelle les combattants de tout à l'heure devenus aussi silencieux qu'ils étaient bruyants, s'étaient pressés, en me regardant de leurs yeux grand'ouverts, la sœur aînée répondit timidement à ma demande que je pouvais entrer. Elle ajouta que, sans revenir sur mes pas, je n'avais qu'à suivre à travers le verger et la prairie qui se terminent à la route de Notre-Dame-d'Esparron.

Ce serait peine perdue de transcrire sur mon Journal, et de dépeindre les états d'esprit qui se succédèrent en moi durant cette station qui ne dura pas moins de vingt minutes; ils ressemblent, à peu de chose près, à ceux des jours précédents, à la sapinière de Bus[illegible] lendemain de mon arrivée, avant-hier sur le Tertre aux Mirabelles. Je puis d'ailleurs les résumer en deux mots : charme du repos dans cette tranquille et fraîche solitude; vague rêverie entretenue par le murmure du ruisseau qui coule à mes pieds; pensées ébauchées, rarement achevées, élévation de l'âme vers l'auteur de tant de merveilles et de bienfaits.

Toutefois, par une suite naturelle des réflexions

qui avaient tout à l'heure occupé mon esprit, je m'observai à la fin avec plus d'attention, et pris de l'état présent de mon âme livrée d'abord, sans résistance et sans direction, aux impressions de la Nature qui l'enveloppait, une idée plus claire. Or, mon plaisir calme et doux n'avait rien de commun, — je le constatai sans peine, et il n'en était pas pour cela moins réel, — avec l'ivresse que nous dépeignent parfois les poètes panthéistes et tous ceux qui, à leur suite, font la Nature tellement divine qu'il ne reste rien de Dieu en dehors d'elle. Cette ivresse m'a toujours inquiété et nullement trompé; elle me rappelle trop, quand on m'en parle, ce Spinoza ivre de Dieu, comme on l'a dit, de Dieu auquel il ne croyait pas, puisqu'il ne faisait de l'univers et de Lui qu'une seule et même substance. S'il peut y avoir et s'il y a, en effet, une ivresse des sens, même une ivresse de l'imagination, ce mot n'a plus d'emploi en présence des chastes beautés de la Nature et de l'art. L'âme qui les contemple demeure maîtresse d'elle-même : sa joie est aussi pure, aussi calme qu'elle est profonde; elle a quelque chose des caractères de la beauté. La véritable admiration, celle qui par delà l'expression atteint l'Idéal lui-même, cette admiration est [illegible] toujours silencieuse. Elle laisse les [illegible] banales que bruyantes, les [illegible] vide et le convenu du dilettantisme à ceux qui, dans l'œuvre d'art, tableau, statue, monument, symphonie surtout, s'arrêtent au pur sensible et s'élèvent à peine jusqu'aux régions inférieures de l'expression, sans parvenir à celles de l'infini et de la pensée.

Mais quel bruit soudain, comme serait celui d'un torrent qui se précipite, vient m'arracher à ma rêverie, couper court à mes réflexions ! Quelle avalanche, au mois d'août et par ce ciel si pur, accourt avec fracas et va, dans un instant, descendre de la petite colline au pied de laquelle la maison de maître est bâtie ! Elle semble toutefois s'arrêter une seconde, puis, tournant à droite presque brusquement, au lieu de pierres et de boue elle remplit le vallon, jusqu'au ruisseau, d'un nuage épais de fumée. Le train de Grenoble-Gap que j'aperçois enfin sur la hauteur, à quelque distance, remonte la gorge pendant plus d'une minute pour gagner un passage plus étroit, où il la franchit sur un magnifique viaduc. A peine l'a-t-il quitté, qu'il accourt de nouveau sur nous de l'autre côté du ruisseau ; parvenu à trente pas à peine des deux marronniers, une fois encore il tourne rapidement pour se diriger en droite ligne vers la station de Saint-Maurice.

[illegible], avec ses puissantes machines, prenant possession des montagnes, de leurs retraites les plus écartées et troublant leur repos séculaire. Hier, c'était la triste fin du Sacripant qui jetait une ombre sur l'un de mes meilleurs souvenirs; aujourd'hui, c'est la locomotive avec son sifflet strident, c'est le roulement des pesants wagons qui viennent rompre ma rêverie et menacer la paix de ma solitude. Demain et tous les jours ce sera, pour tous les hommes aussi bien que pour moi, quelque autre chose, inattendue le plus souvent, qui ravira ses charmes au petit domaine des champs, au modeste jardin, à l'aimable retraite où nous espérions couler en paix ce qui nous reste de jours. Prenons donc une bonne fois les beautés de la Nature et de l'art pour ce qu'elles sont par rapport à l'homme, dans l'ordre providentiel : un plaisir pur, mais passager de la vie présente ; une consolation, presque un appui dans ses épreuves, une invitation, enfin, à ne pas oublier la vie à venir, lieu de la parfaite et éternelle Beauté dont la conquête est, ici-bas, au prix du travail et de l'obéissance à la loi divine.

Une dernière question, à laquelle ne put échapper mon esprit désagréablement troublé par cette soudaine et violente apparition du progrès matériel. Servira-t-il l'art? Aidera-t-il à développer dans nos sociétés modernes et dans toutes les classes le sentiment du beau ? J'ajourne mon jugement pour motif de haute impartialité : il serait trop sujet à caution, quand mes yeux sont encore aveuglés par la fumée qui se dissipe lentement dans le vallon, et mes oreilles assourdies par le bruit des wagons roulant sur les rails. Peut-être même que si j'avais assisté, comme le grand maître du réalisme contemporain, à l'émouvante agonie d'une locomotive, et entendu le râle de ses derniers mugissements, je reviendrais de ma première et défavorable impression. Et pourtant je crains qu'il n'y ait toujours, sans remède possible, dans les œuvres de cette industrie si utile et si puissante, quelque chose de la violence qui me troublait tout à l'heure, et trop peu de cette parfaite, de cette noble mesure qui est un des signes les plus authentiques de la beauté. Au siècle prochain d'ailleurs, et à de mieux informés, à de plus habiles, le jugement définitif.

Les distractions, selon toute apparence, n'abondent pas à la ferme de Casseyre : aussi faut-il peu de chose pour éveiller la curiosité du petit peuple qui en fait le plus bel ornement. En me levant pour continuer ma route le long du ruisseau et d'une sapinière naissante, à travers le verger et la prairie, comme me l'avait indiqué la sœur aînée, je l'aperçus debout, immobile, sa plus jeune sœur entre les bras, et à côté d'elle les quatre marmots, l'un tenant un pan de sa robe, l'autre un coin de son tablier, et les deux plus braves, les indépendants, qui étaient aussi les plus âgés, en avance sur elle, à droite et à gauche, d'un pas tout au plus. Tous ils me considéraient fixement et, sans doute, ils se demandaient ce que pouvait bien faire ce monsieur de la ville à regarder couler l'eau, la tête dans ses mains, sous nos deux marronniers. On s'empressera de raconter ce fait si étrange au père, à la mère, au grand frère, si toutefois il y en a un dans la famille, quand tout à l'heure ils reviendront du travail pour le repas de midi, et autour de la soupe fumante on ne manquera pas de dire : sont-ils heureux ces gens de la ville de n'avoir qu'à se promener, la canne ou le parasol à la main, à travers bois et prairies ! Et ils ne se douteront jamais par quel travail assidu, absorbant, d'une année entière, ont été achetées ces heures de précieuse, mais passagère liberté. Seule la sœur aînée répondit par un : « *bonjour, monsieur* », à l'adieu que j'adressais au petit groupe de plus en plus immobile et muet.

Me voilà donc avançant vers le but, d'abord sous la protection douteuse des pommiers et des poiriers du verger ; plus tard, après avoir dépassé le viaduc dont j'admirai la svelte grandeur, mieux protégé contre les feux ardents du soleil par les arbres qui bordent, au-dessus d'une gorge de plus en plus profonde et sauvage, le chemin toujours plus raide et, à la fin, tout à fait grimpant. Il ne l'était pas toutefois au point de mettre un obstacle absolu au mouvement de la pensée : deux ou trois stations de quelques minutes l'auraient plutôt ralenti, mais sans le supprimer. Bien entendu, c'est le beau qu'elle avait pour objet, et mes idées une fois dirigées dans ce sens, tenues d'ailleurs en éveil par la variété des spectacles qui se succédaient sous mes yeux, auraient pris difficilement un autre cours. Mais c'est en vain que je revenais sur les trois degrés principaux de la beauté, le *pur sensible*, l'*expression*, l'*idéal*, pour mieux constater à quel point, dans toutes les œuvres de l'art, ils se distinguent et se pénètrent, que, de là, je passais aux éléments primitifs de la pensée, *ordre*, *unité*, *grandeur*, et le reste, qui ne sont pas moins les éléments primitifs de la beauté[1], puisque là où ils ne sont pas, elle s'obstine à ne point paraître, quelque chose manquait à ces analyses, et elles étaient loin de me dire le dernier mot du Beau.

[1] Et aussi les éléments primitifs de l'histoire, les grands ressorts des événements qui la constituent, comme nous avons essayé de le faire voir dans l'Introduction du livre : *L'Histoire et la Pensée*.

C'est même inutilement que j'y ajoutais l'amour, dont la force s'accroît, dont la flamme se purifie dans la proportion où l'art lui-même devient plus pur et plus parfait; car si l'amour s'attache invinciblement au beau, je ne dirai pas sans doute que c'est par une sorte d'aveuglement, toutefois c'est sans m'éclairer davantage sur sa nature intime, sur son essence. Sa vue qui ravit l'âme est plus éloquente que tous les discours, mais elle ne livre pas son secret, le secret de la Beauté aussi bien caché, aussi enveloppé de mystère qu'il l'était au temps de Platon, et qu'il l'est demeuré après les savantes recherches et les définitions assez peu satisfaisantes, parfois même très embrouillées, de quelques philosophes modernes.

Cependant j'approchais du monastère et de la chapelle dont la flèche m'était apparue la première, mais dont les murs irréguliers commençaient aussi à se montrer sur la crête d'une dernière hauteur fort escarpée. A l'un des détours du sentier en lacets qui permet de la gravir avec moins de peine, j'aperçus, dans une prairie entourée de sapins, un petit pâtre qui surveillait de loin quelques moutons. Presque en même temps sortit de la clairière une jeune fille portant au bras un large panier, une sorte de claie pleine de fraises ou de framboises destinées sans doute au couvent. Aux sons de l'Angelus qui retentit, quelques minutes après, du haut du petit clocher, à ses trois appels répétés par tous les échos d'alentour, le pâtre se découvrit, la jeune fille s'agenouilla, et tout en m'unissant à leur prière, tout en répétant avec eux : *Et le Verbe s'est fait chair, et il a habité parmi nous,* j'ajoutai intérieurement : Si le Verbe s'est fait chair, s'il est venu sur cette terre pour nous y apprendre, par son divin exemple, le prix de la douleur, le sens et le but de la vie, pour ajouter aux lumières de la raison les lumières plus pures et les mystères de la foi, n'aurait-il donc oublié que la beauté, n'aurait-il rien enseigné, rien fait pour elle ! Cela ne saurait être, cela n'est point possible. Le Verbe est le Verbe du beau, comme il est le Verbe de l'amour et de la pensée. Je m'informerai, je descendrai en moi-même ; j'interrogerai les sages, les théologiens, et peut-être ils m'en apprendront plus sur ce sujet que je n'en sais présentement.

—×—

JOURNAL

La Jarjatte, 1897.

Lus-la-Croix-Haute, 16 août 1897.

Enfin, après quatre années révolues, durant lesquelles mes désirs ont eu le temps de s'aiguiser, j'ai vu la Jarjatte; mais la Jarjatte de la réalité n'est pas, il faut que j'en convienne, celle de mon rêve. Ce n'est pas à dire qu'elle lui soit inférieure, loin de là; mais si elle est belle, très belle même, elle ne l'est pas de la beauté que je lui avais prêtée. C'est hier que je m'y suis rendu en bonne compagnie, mais dans une prosaïque voiture de louage. Il fallait bien en finir, et se précautionner contre les menaces du ciel qui semblait une fois de plus vouloir m'en interdire l'accès. Il s'apaisa soudainement, quand il nous vit en sûreté contre ses surprises, et il nous demeura jusqu'à la fin favorable, au point de dissiper tous les nuages qu'il avait accumulés, et d'encadrer d'un azur sans tache les sommets effilés des Aiguilles, ceux-là mêmes que j'avais aperçus les premiers à mon arrivée à Lus, il y a quatre ans, mais sans savoir leur nom. C'est vers eux, en effet, que nous nous dirigions le long du Buesch réduit à un filet d'eau coulant à travers deux bordures de gros cailloux de plus en plus envahissants. Dans un lit au contraire très peu large, avec autant d'eau pour le moins et beaucoup plus de bruit, Fontbonne court parallèlement à son frère aîné dont quelques pas seulement la séparent. Elle se décide enfin à mêler ses eaux avec les siennes un peu plus bas, à une demi-lieue à peine de son point de départ, et le tribut qu'elle lui apporte, joint à celui du Rioufroid qui ne tarde pas à s'y ajouter, commence à faire du Buesch une façon de petite rivière.

Enfin nous arrivons, après l'avoir franchi sur un pont en rapport avec l'étendue de son lit assez étroit en ce passage, mais qui va de nouveau s'élargissant, à mesure qu'on remonte vers sa source. Les dix ou douze maisons, peut-être un peu plus, qui sont toute la Jarjatte, s'échelonnent sur une éminence que couvre, dans toute son étendue, un épais et frais gazon. Les frênes y abondent, mais les arbres fruitiers y sont si rares qu'il faut les découvrir un à un ; j'en ai compté jusqu'à cinq qui sont là sans doute uniquement pour le feuillage. Si j'ai cru apercevoir un groupe de lilas, c'est, j'incline maintenant à le croire, pure erreur de mes sens aidés de mon imagination. L'aspect général n'en est pas moins agréable à l'œil et à l'esprit : riches prairies, champs fertiles, quelques-uns encore couverts de leurs moissons qui s'inclinent doucement, comme pour appeler la faucille, agrestes demeures où vivent, dans une aisance achetée par le travail et l'épargne, quelques familles d'honnêtes paysans. Un vieillard et son fils aîné avec lesquels j'ai lié connaissance m'ont charmé par leur accueil cordial, leur bon sens, et la précision de leurs réponses aux nombreuses questions que j'avais hâte de leur poser. On est très religieux à la Jarjatte, et les mœurs y sont restées simples et primitives ; on me l'avait dit à Lus, la réputation n'est pas surfaite. Tous les quinze jours, un vicaire du bourg y vient dire la messe dans une étroite et longue chapelle située à l'extrémité du hameau. En somme, c'est une excellente population, au milieu de laquelle assurément on ne passerait point sa vie ; mais on y pourrait, sans ennui, demeurer quelques jours, libre des servitudes et des frivolités dont on supportait impatiemment le joug.

On n'a d'ailleurs qu'à s'élever, comme je le fis, de cent ou cent cinquante pas à peine, laissant pour quelques instants mes compagnons errer çà et là dans l'intérieur du hameau, et l'on se trouve en face des Aiguilles et de leurs sauvages défilés.

Derrière soi, la pittoresque vallée encadrée de bois de sapins que nous venons de parcourir en voiture ; à gauche, une vaste plaine, à travers laquelle le Buesch roule, à partir de sa source assez voisine, ses eaux aujourd'hui fort paisibles ; à droite, comme un large fleuve de pierres énormes et de rochers subitement arrêté dans sa course entre deux montagnes par une main toute-puissante, mais encore effrayant dans son immobilité et son silence ; devant soi, d'épaisses forêts que terminent tout à coup, et dominent de leurs flèches élancées les Aiguilles séparées les unes des autres par des cols raides, étroits, entièrement dénudés, dont on se demande, au premier aspect, s'il est possible de les franchir à d'autres qu'aux chasseurs de chamois ou aux montagnards les plus exercés et les plus agiles.

Non, assurément, on n'est pas ici dans une riante campagne ; on est loin du paisible jardin bien planté, bien arrosé, décrit par Horace, désiré par tous ceux que fatiguent les clameurs de la ville, que lassent des occupations monotones, et l'on n'y reviendrait pas chaque année *au premier souffle du Zéphire*, ou pour y *braver les fureurs du Lion*, comme disaient encore, à la suite de Boileau, les poètes des premières années de ce siècle. Mais, en revanche, la solitude est inaccessible aux importuns, l'oubli du monde absolu. Si l'on n'y fait que passer, on y recueille pourtant des impressions dont quelques-unes ne s'effaceront jamais au spectacle de cette Nature où, à des beautés qui élèvent l'âme encore plus qu'elles ne l'étonnent, s'ajoutent les souvenirs sensibles, effrayants, des troubles profonds, des secousses, des déchirements qui les ont précédées et, sans doute aussi, dans le plan divin, lentement ou violemment préparées.

Faut-il donc croire ceux qui affirment que toute beauté, dans l'œuvre de la création, à la surface de la terre comme au fond des mers, dans la nature inanimée et dans la nature vivante, sans en excepter l'homme, a pour support une laideur, un désordre, quelque chose, en un mot, qui déplaît au regard, un dessous qui lui répugnerait, s'il venait tout à coup à nous apparaître sous les dehors brillants, séduisants même qui le cachent? C'est la thèse que soutenait récemment, dans une Revue française, un écrivain de talent. Il est loin de m'avoir convaincu, et ma confiance dans l'ordre universel et hiérarchique, dans l'harmonieuse succession ou superposition des choses, n'en a pas été un seul instant ébranlée. J'aime mieux croire qu'à chacun des bouleversements de notre globe, pour nous en tenir à lui seul, et quel qu'en ait été le nombre, correspondait une beauté qu'il ne nous est pas possible de nous représenter exactement, qui n'était point faite d'ailleurs pour le regard de l'homme, mais qui devait pourtant laisser sa trace parmi les beautés plus calmes, plus nuancées, que Dieu lui destinait. Ne puis-je croire qu'à la variété, à la douceur, à l'élégance de leurs charmes, il lui a plu d'ajouter, dans les sommets glacés des montagnes, dans leurs précipices insondables, dans leurs mornes solitudes, un souvenir toujours présent des anciens bouleversements, et une grandeur plus haute qui nous rappelât d'une façon plus expresse, avec la courte durée de notre vie comparée à l'immensité du temps et aux révolutions qui n'en ont pourtant rempli qu'un point, la puissance sans bornes du Créateur. Puis sont venues dans la dernière période, au sein d'une Nature ramenée aux proportions de l'homme, qui allait en être le spectateur émerveillé et le scrutateur infatigable, ces beautés que notre âme achève en y ajoutant, quand elle les contemple, quelque chose de la beauté qui est en elle, que l'art imite et parfois dépasse, en faisant appel tout à la fois à l'âme humaine et à la Nature.

Mais à ces réflexions où la philosophie et quelque peu de théologie avaient leur place, à côté des souvenirs devenus assez vagues de mes études géologiques, d'autres réflexions succédèrent bientôt provoquées par ces deux défilés des Aiguilles qui avaient fini par absorber mon attention et fasciner mon regard. Oui, c'est là, c'est bien là, comme me l'ont appris tout à l'heure les deux paysans avec lesquels je m'entretenais, que l'an dernier, à pareille époque, nos chasseurs et nos artilleurs alpins ont donné une nouvelle preuve de leur sang-froid, de leur indomptable énergie. C'est ce passage étroit qu'ils ont franchi avec armes et bagages, qu'ils ont fait franchir, entreprise autrement difficile, à leurs mulets chargés de leurs canons, sans accident sérieux, pour descendre dans la vallée du Buesch. Les voilà donc de nouveau ces montagnes des Alpes traversées, non plus en passant et à de longs intervalles, par les armées des conquérants, mais parcourues tous les ans, dans tous les sens, en France et en Italie, par de nombreux bataillons qui s'exercent à reconnaître et à défendre leurs routes les plus difficiles, et jusqu'aux sentiers autrefois connus des seuls chasseurs. Leurs échos retentissent tour à tour du bruit effrayant du canon ou des joyeuses fanfares des musiques militaires. Leurs solitudes les plus reculées en sont troublées ; les rares chamois qui les habitent encore se demandent peut-être si les hommes trop nombreux, trop pressés dans la plaine dont les richesses ne suffisent plus à leurs besoins, ont résolu de leur ravir jusqu'à leurs maigres pâturages, et de leur disputer ces sommets où ils ne sauraient pourtant trouver que la faim, le froid et la mort.

Les hommes ! Tant de projets insensés qu'ils aient pu former, celui-là du moins n'est jamais entré dans leur esprit, n'a jamais tenté leur cupidité trop bien instruite de la pauvreté, de la stérilité de ces régions où règne un éternel hiver. Mais d'autres passions encore les tourmentent, et ce qui se passe à cette heure, autour des glaciers et sur les cimes neigeuses des Alpes, se répète dans des conditions différentes sans doute, mais pour les mêmes desseins, sur toutes les frontières des peuples civilisés : c'est le titre qu'ils aiment à s'attribuer et dont ils sont le plus fiers. Le désir de s'étendre, de grossir leur territoire, de s'agrandir aux dépens de leurs voisins est si violent qu'ils se prémunissent contre les tentatives les uns des autres, contre les soudains accès de l'ambition d'une race ou d'un despote, avec plus de vigilance et d'ardeur qu'ils n'en ont jamais mis dans les siècles passés, et avec des engins de carnage infiniment plus puissants. Oui, l'homme, — et la société n'est autre chose que l'homme multiplié par lui même, — l'homme n'a pas changé dans le fond de sa nature. Si les mœurs se sont adoucies, grâce surtout à l'influence du christianisme, le progrès est moins sensible, on peut le craindre, l'histoire sous les yeux, pour les gouvernements que pour les simples particuliers. Ce que ceux-ci hésiteraient à faire, les gouvernements l'osent encore: plus que jamais, depuis les premières années de ce siècle jusqu'à nos jours, ils s'autorisent d'un intérêt national plus ou moins réel pour voiler leurs projets ambitieux. La préparation à la guerre est devenue l'état permanent et ruineux des peuples européens. Les montagnes qu'avaient traversées en passant, et sans songer à s'y établir, Annibal, César, Charlemagne, Charles VIII, François Ier, Napoléon, se couvrent de remparts, se hérissent de canons. On n'y voit partout, même au cœur de l'hiver, que douaniers armés jusqu'aux dents, postes avancés, sentinelles s'observant et barrant tous les passages, comme si la guerre était toujours à la veille d'éclater, et que l'homme fût redevenu à lui-même, comme aux jours de la barbarie, son ennemi le plus redoutable.

Il y aurait, ce semble, à n'envisager que cet aspect de la Nature humaine, une ouverture assez large pour que le pessimisme pût y passer tout entier, et, à sa suite, je ne sais combien de doutes sur la valeur du progrès matériel séparé du progrès moral. Par bonheur ce n'est là qu'un côté de l'homme et de l'histoire. Bien longtemps, en effet, avant que le grondement du canon les eût troublées et épouvantées, ces solitudes avaient retenti de chants religieux inaugurant, au lever du jour, le travail des moines défricheurs de la forêt, pionniers de la vraie civilisation, et succédant le soir, jusque bien avant dans la nuit, au travail du jour. Au retour, en effet, notre conducteur m'indiquait du doigt le lieu où l'on voit encore, au milieu des vastes forêts de Durbon, les ruines imposantes de la Chartreuse du même nom, bienfaitrice de cette contrée qu'elle a arrachée à la barbarie. Je la visiterai à mon premier voyage à Lus, — car celui-ci touche à son terme, — à Lus dont elle n'est guère éloignée de plus d'une heure, même en comptant le détour qu'impose au visiteur la montagne très élevée qui surplombe le Rioufroid. En attendant je vous salue de loin, Durbon, Grande-Trappe, Grande-Chartreuse, solitudes sacrées où, durant des siècles, le travail des moines n'a pas cessé d'alterner avec la prière. C'est le double hommage, le double tribut que l'homme doit, de toute justice, à son Créateur. Vous qui l'avez si longtemps et si généreusement payé, qui le payez encore, à l'heure présente, sur tous les points du globe, humbles et pieux solitaires, vous me réconciliez avec la nature humaine, en même temps que vous ravivez en moi la foi aux biens impérissables dont la pensée ne cessait de vous soutenir dans vos travaux, de vous fortifier dans vos épreuves. Les soldats que vous avez précédés sur ces sommets glacés, dans ces vastes forêts, ne sont pas seulement vos successeurs, ils sont aussi vos frères. Ils le sont si bien qu'il n'est pas encore, à l'heure présente, de Trappe ou de Chartreuse où quelques-uns d'entre eux ne viennent, de temps à autre, grossir vos rangs et continuer, sous une autre forme, la vie de travail et de dévouement dont la patrie avait, dans les camps et sur ses frontières, recueilli les prémices.

QUATRIÈME LETTRE

A Monsieur le Baron d'Yvoire.

Lus-la-Croix-Haute, 17 août 1897.

Cher Monsieur et ami,

J'avais encore tout présent et tout vivant à la pensée le souvenir de votre beau lac, et celui des délicieux ombrages de votre petit parc, quand j'ai réalisé le projet dont je vous entretenais il n'y a guère plus de quinze jours, et revu mon cirque de Lus, centre et capitale des vingt-deux hameaux qui l'entourent. Tout confus de vous en avoir tant parlé, j'en ferais bien dès aujourd'hui mon acte de sincère contrition, si je n'étais sur le point de vous en parler encore : acceptez donc la promesse que je fais de me repentir du fond de l'âme, mais seulement après vous avoir dit, avec plus ou moins d'ordre et de suite, tout ce qui s'offre actuellement à mon esprit.

Je ne sais comment il se fait, mais depuis trois ou quatre jours que je suis ici, la montagne ne cesse de me rappeler le lac, tout comme la vue du lac, lorsque nous nous promenions ensemble, ou que j'errais seul sur ses rives, ne parvenait pas à chasser de mon esprit le souvenir de la montagne : elle l'y aurait plutôt réveillé. Voilà bien l'association des idées par opposition et par contraste : c'est un exemple à joindre à tant d'autres que nous fournit l'expérience de tous les jours. Mais d'abord un cordial remerciement au lac Léman : il m'a fait revenir d'une erreur où j'étais tombé, je crois vous avoir raconté en quelle circonstance, lorsque je condamnai, — dans mon Journal bien entendu, — l'industrie moderne à n'être d'aucun secours à l'expression de la beauté. En voyant, à chaque heure du jour, les bateaux à vapeur fendre d'une marche si rapide, avec tant d'aisance et de grâce, les eaux unies comme un miroir ou soulevées par la bise, j'ai dû modifier, et je l'ai fait volontiers, mon premier jugement. J'avais d'ailleurs, pour m'y encourager, le souvenir de ces longues files de wagons qu'on voit courir à toute vitesse, avec une sorte d'agilité, le long d'une vallée profonde, sur un remblai un peu élevé. Mais il faut que tout cela soit aperçu d'assez loin, car l'illusion se dissipe à mesure qu'on approche, et des tourbillons de noire et sale fumée, des jets soudains de vapeur brûlante, de sourds et monotones ronflements alternant avec des sifflements aigus, la font bien vite évanouir. En somme, la violence est unie trop étroitement à la force dans ces grandes et puissantes machines de l'industrie moderne, pour que l'art en reçoive jamais de sérieux avantages. Le genre de beauté qui leur est propre ne saurait, il me semble, dépasser le *pur sensible:* il faut mettre déjà beaucoup du sien pour y découvrir un peu d'*expression;* quant à l'*idéal,* impossible de l'y faire entrer.

Une autre opposition entre le lac et la montagne m'a sauté, pour ainsi dire, aux yeux, c'est le terme propre, quand, il y a deux jours, en un lieu qu'on appelle La Jarjatte, je considérais, à une assez faible distance, l'étroit et périlleux défilé par lequel nos chasseurs alpins sont descendus l'an dernier, avec armes, bagages et canons, dans la vallée du

Buesch. Voilà donc nos Alpes traversées, explorées tous les ans, dans tous les sens, sur le versant italien comme sur le versant français, par de nombreux bataillons : trois mois durant, tantôt les fanfares militaires, tantôt les éclats du canon éveillent les échos de leurs solitudes autrefois si paisibles. Jadis les armées ne faisaient qu'y passer, maintenant elles s'y installent. Ce que notre siècle, à son aurore, avait commencé, notre siècle, à son déclin, l'achève en l'aggravant. N'est-ce pas à quelques lieues d'ici, sur les bords du lac de Laffrey, que la fortune de la France fut, le 8 mars 1815, à la merci d'un accident de guerre? Rien qu'un coup de fusil tiré au hasard pouvait engager une action qui nous eût épargné, selon toute apparence, Waterloo et ses funestes suites.

Du lac de Laffrey au lac de Genève, la distance ne laisse pas d'être assez longue, mais le terme général, ce fil conducteur de l'association des idées, l'eut bientôt franchie : il est vrai que ce ne fut point pour unir dans les mêmes impressions et les mêmes souvenirs lacs et montagnes. Si nos Alpes, en effet, pour ceux qui connaissent tant soit peu l'histoire, rappellent, dans une sorte de confusion, le bruit des armées qui passent, celui des avalanches qui se précipitent, les cris des combattants, le fracas de la foudre ou du canon renvoyés par de puissants échos, puis d'Annibal à César, de César à Napoléon, les noms des généraux illustres, des rois, des conquérants, les sommets escaladés, les défilés franchis, tous les efforts de l'homme pour dompter toutes les résistances de la Nature, les sauvages beautés de celle-ci et toutes ses horreurs, les lacs au contraire, le vôtre en premier lieu, mais aussi ses voisins d'Annecy et du Bourget, offrent à l'esprit des images infiniment plus douces. C'est sur leurs rivages enchanteurs qu'a dû, j'imagine, naître pour la première fois, dans l'âme de quelques rêveurs qui n'étaient pas allés jusqu'au bout de leur raison, la pensée de diviniser la Nature. N'est-ce pas Virgile, — il est vrai qu'il n'est ici que l'interprète d'une doctrine, et qu'il ne parle pas en son propre nom, — n'est-ce pas le chantre mélodieux des lacs italiens dans le voisinage desquels il était né, qui a dit, cherchant à expliquer l'inexplicable instinct des abeilles :

His *quidam* signis atque hæc exempla secuti
Esse apibus partem divinæ mentis et haustus
Ætherios dixere: deum namque ire per omnes
Terrasque, tractusque maris, cœlumque profundum;
Hinc pecudes, armenta, viros, genus omne ferarum
Quemque sibi tenues nascentem arcessere vitas...[1]
Virgile, *Géorgiques*, l. IV.

---

[1] Voici la traduction de Delille :

Frappés de ces grands traits, des sages ont pensé
Qu'un céleste rayon dans leur sein fut versé :
Dieu remplit, disent-ils, le ciel, la terre et l'onde,
Dieu circule partout, et son âme féconde

Ne serait-ce pas, au contraire, à la montagne dont les masses énormes écrasent notre petitesse, dont les violences passées et présentes surpassent notre imagination, dont les abîmes envisagés de trop près pourraient engloutir autant de raisons troublées que de touristes imprudents; ne serait-ce pas à ces aspects sombres, effrayants, que le pessimisme de quelques poètes contemporains, celui d'Alfred de Vigny par exemple, devrait je n'ose dire les plus belles, il n'y a point de beauté parfaite sans vérité, mais les plus émouvantes, les plus troublantes de ses inspirations? Permettez-moi de vous citer les vers suivants qui me reviennent à la mémoire, car si vous avez certainement un Virgile à la maison, il se peut que vous ne possédiez pas tout Alfred de Vigny dans votre bibliothèque d'ailleurs si bien fournie d'ouvrages excellents. C'est la Nature qui parle :

Je roule avec dédain, sans voir et sans entendre,
A côté des fourmis, les populations.
Je ne distingue pas leur terrier de leur cendre,
J'ignore en les portant les noms des nations.
On me dit une mère et je suis une tombe,
Mon printemps ne sent pas vos adorations [1].

A tous les animaux prête un souffle léger ;
Aucun ne doit périr, mais tous doivent changer,
Et retournant aux cieux en globes de lumière
Vont rejoindre leur être à la masse première.

[1] Alfred de Vigny, *Les Destinées*. La maison du Berger.

Qu'il comprenait mieux la Nature, et qu'il avait d'elle, malgré son ignorance, une idée plus juste ce brave paysan, le vieux jardinier auquel vous avez, je crois m'en souvenir, donné chez vous ses invalides! Par une belle matinée du mois dernier, une heure à peine après le lever du soleil, je le surpris debout sur la terrasse, à la limite du petit parc, la pipe à la bouche, — ce détail un peu vulgaire fait partie intégrante de mon souvenir, — les yeux fixés dans la direction d'Évian, sur le lac et sur les montagnes. Il était si absorbé dans sa contemplation qu'il ne s'aperçut pas d'abord de ma présence. Nous étions là, presque côte à côte, dominés par les mêmes sentiments, quand se retournant et me voyant: « Que cela est beau, me dit-il, et que Dieu est bon! » Puis il se retira, sans ajouter un mot.

Oublions donc panthéisme et fatalisme, adoration et terreur de la Nature, votre jardinier m'a dit d'un mot ce qu'il en fallait croire; revenons à ces grands hommes, à ces grands écrivains surtout, dont les allées et venues sur les rives de vos lacs ont dès longtemps piqué ma curiosité. Si plusieurs d'entre eux, en dernier lieu le cardinal Mermillod, y sont nés et ne les ont guère quittées jusqu'au terme de leur carrière, si d'autres, savants, médecins, orateurs, philosophes, parmi lesquels notre ami, M. Ernest

Naville[1], y fleurissent encore, au grand honneur de leur patrie, un plus grand nombre, artistes, poètes, penseurs, historiens, membres de l'Institut, de l'Académie française, les ont visitées et s'y sont même établis au moins durant la belle saison, par goût, pour le plaisir qu'ils y éprouvaient.

Mais voyez: au moment où germe déjà et va bientôt s'épanouir dans mon esprit, surtout au souvenir de Jean-Jacques et des *Rêveries d'un promeneur solitaire* (je rougirais de nommer seulement ses déplorables *Confessions*), une belle théorie sur le sentiment de la Nature, tel que les rivages de vos lacs ont le don de le faire naître ou de le développer, voilà que les noms de Calvin, de Gibbon, de Voltaire, viennent à la traverse et

[1] M. Ernest Naville n'a cessé, durant sa longue carrière, de défendre contre leurs nombreux adversaires, avec autant de logique et de savoir que de talent, les plus pures doctrines spiritualistes. Il a fait, dans l'ordre politique, grâce à de persévérants efforts, reconnaître dans le canton de Genève suivi déjà par la Belgique, les droits des minorités à une représentation proportionnelle. Enfin, s'il n'a pas, au point de vue religieux, suivi la même voie que Faber, Newmann et Manning en Angleterre, Brownson, Hecker aux Etats-Unis, il a du moins, par ses éloquents appels à l'unité, à la concorde, à la charité, détruit ou affaibli des préjugés séculaires, et préparé l'avenir.

s'inscrivent en faux contre les conclusions que j'allais vous proposer. Il ne semble pas, en effet, que cette Nature dont les spectacles tour à tour gracieux ou imposants ne cessaient d'attirer leurs regards, et sans doute aussi de les charmer, ils aient éprouvé un bien vif désir de nous la faire connaître. Leur pensée, leur esprit, leur passion étaient ailleurs, et elle ne tient qu'une toute petite place dans leurs livres, voire dans leur correspondance. Taine lui-même, ce *Bénédictin laïque*, comme Francisque Sarcey se plaît à nommer notre illustre Cacique de 1848, Taine, malgré son vif amour de la Nature, ne l'a point dépeinte, sauf en quelques pages admirables de son *La Fontaine*, avec le charme poétique et l'émotion communicative de Jean-Jacques Rousseau. Sans doute il en avait trop bien pénétré les dessous les plus cachés, il en savait trop parfaitement le mécanisme et les lois, pour que cette science en elle-même fort aride ne fît pas un peu de tort à l'expression du sentiment intérieur. O heureuse ignorance de quelques peintres de la Nature! Comme elle a bien servi sa cause et celle de nos plaisirs les plus doux, ceux qu'aucun trouble n'accompagne, que ne suit aucun remords!

Le sentiment de la Nature! Quelle riche matière à dissertations, à discussions, à thèses contradictoires! On vous aura dit comme à moi qu'il est né au XVIIIe siècle, mais qu'il n'a guère acquis sa perfection que de nos jours, et ni vous, ni moi, nous n'avons, bien entendu, ajouté foi à ces discours. Autre chose, en effet, est aimer la Nature, être touché de ses beautés ; autre chose, les décrire avec plus ou moins de poésie et d'émotion sincère. Le sentiment de la Nature est né aux premiers jours du monde, dès qu'il y a eu des hommes, c'est-à-dire des êtres raisonnables et sensibles, capables de discerner et d'admirer les magnificences de la Création, ces décors infiniment variés dont le charme passe vite des sens à l'âme, et la remplit d'une joie pure qui est pour plusieurs un remède passager aux tristesses et aux souffrances de la vie. Qu'on cesse de reprocher aux grands écrivains du XVIIe siècle, à ces hommes d'un esprit si largement ouvert, d'une âme si élevée, de n'avoir pas aussi bien que nous connu ce sentiment de la Nature qui serait, par rare fortune, peut-être aussi comme dédommagement à une certaine faiblesse de penser et d'élever haut nos pensées, notre privilège exclusif et d'ailleurs fort enviable. Pour parler ainsi il faut avoir oublié La Fontaine, Madame de Sévigné, Fénelon, Boileau lui-même, et, dans leurs écrits, ces traits simples, rapides sans doute, mais si expressifs et si bien à leur place, qu'ils raniment aussitôt en nous ce sentiment qui peut languir en quelques-uns à certains moments, mais qui est le bien de tous les hommes et de tous les siècles. Nos fastidieuses, nos interminables descriptions, en style de procès-verbal ou d'inventaire, le feraient plutôt évanouir dans la profusion de leurs insignifiants détails ; elles l'accableraient sous le poids écrasant d'innombrables épithètes, de lourds néologismes aussi bizarres qu'ils sont inutiles. Une pensée, une image, une ligne de ces grands et modestes écrivains qui sont aussi, sans le savoir et sans y prétendre, souvent de grands peintres, ont cent fois plus de pouvoir sur les âmes, pour y faire jaillir le sentiment avec la pensée.

Au premier rang de ces penseurs qui sont aussi des peintres inconscients, avant même la châtelaine de Coppet, votre proche voisine, trop empressée parfois, malgré son beau talent, à tout peindre, à tout dire, à ne rien omettre, je n'hésite pas à placer Joseph de Maistre, et vous ne me désavouerez pas. D'impérieux devoirs l'ont retenu, durant de longues années, loin des lieux où il avait recueilli ses premières impressions, mais sa forte imagination en a gardé, jusque sur les bords glacés de la Néva, la trace ineffaçable. Il pense et il écrit, à quelques différences près, imposées par la nature des temps et celle des questions, comme les vrais Maîtres de la prose française; comme eux il jette çà et là, au milieu des réflexions les plus profondes, quelques traits d'une simplicité charmante empruntés à la Nature, mais sur lesquels il n'insiste pas. Ces grands hommes l'aimaient trop pour abuser d'elle, et pour la faire servir à autre chose qu'à orner la vérité et la rendre aimable.

La vérité! Elle a été toute sa vie la passion du saint évêque sur la mémoire duquel les liens du sang vous donnent les premiers droits, mais que vous me permettrez d'aimer, moi aussi, de tout mon cœur, comme l'aiment tous ceux qui connaissent l'histoire de sa vie et qui entretiennent quelque commerce avec ses livres. Assurément, ce n'est pas en touriste qu'il a, deux années durant, en toute saison, parcouru les Allinges dont la vue réveillait naguère en moi les héroïques souvenirs de son apostolat. Pas plus que ses contemporains, saint François de Sales n'a exploré les hautes montagnes et péniblement gravi leurs cimes les moins accessibles; il n'a pas décrit, en poétique langage, ces lacs de Genève et d'Annecy, près desquels s'est écoulée la meilleure partie de sa vie féconde en œuvres, riche en vertus. Mais dans l'amour de la Nature et le sentiment de ses beautés, dans l'art, si c'en est un chez lui, de les faire servir au triomphe de la vérité et du bien, de mêler ses riantes images aux austères leçons de la sagesse chrétienne, s'il a des égaux dans l'Église, il n'est, je crois, surpassé que par saint François d'Assise et sainte Catherine de Sienne.

Je m'arrête, cher Monsieur, et il est grand temps, mon dessein n'étant pas de vous raconter une vie que vous connaissez mieux que moi. Pouvais-je toutefois mieux terminer cette lettre que par un hommage à celui qui a si bien connu, si ardemment aimé Dieu dans les œuvres de ses mains, et découvert partout dans la Nature, avec les marques de sa grandeur infinie, celles de sa libérale et tout aimable Providence !

Veuillez agréer, cher Monsieur et ami,

C. C.

PRINCIPAUX OUVRAGES DE M. CHARLES CHARAUX

I. — CHEZ FIRMIN-DIDOT, ÉDITEUR

Paris, rue Jacob, 56

La Cité chrétienne, 2e édit., 2 vol. in-12.

Premier volume

I. Au Tombeau d'Œdipe. — II. L'Avant-garde de la Cité chrétienne. — III. Un Missionnaire à l'École normale. — IV. Les Trois Visions de Saint Bruno. — V. L'Auteur de l'IMITATION. — VI. Le Monde et la Solitude. — VII. Le Chant des arbres. — VIII. Le Médecin de Granville. — IX. Une Journée à Domrémy. — X. Notre-Dame du Hêtre. — XI. La Baie d'Akaroa. — XII. Le Convoi d'un enfant. — XIII. Méditation dans une église inachevée. — XIV. Pionniers et Cités naissantes. — XV. La Tentation, la Chute. — XVI. Rêves et Réalités. — XVII. L'Exilé lorrain. — XVIII. Le Sommet de la Cité chrétienne. — XIX. Un Cycle religieux (1802-1878).

Deuxième volume

I. Le Songe de Platon. — II. La Naissance d'une philosophie. — III. La Loi de l'Expiation. — IV. Le Temps et l'unité de temps. — V. L'Espace et la Matière. — VI. Plaisir et Douleur; Joie et Tristesse. — VII. Au Mont Saint-Michel. — VIII. Le Beau et l'Ame humaine. — IX. L'Art dans la Cité chrétienne. — X. L'Angelus. — XI. Montmartre : Les Origines de l'universelle architecture. — XII. Montmartre : Jusqu'au seuil du sanctuaire. — XIII. L'Ermite d'Auteuil.

Chaque volume se vend séparément 3 fr. 50

---

1 av 92

II. — CHEZ PEDONE-LAURIEL, ÉDITEUR

Paris, rue Soufflot, 13

L'Ombre de Socrate, dialogues de Philosophie socratique, 2e éd., 1 vol. in-12, 3 fr.

De l'Esprit et de l'Esprit philosophique, avec une Introduction générale, 1 vol. in-12, 3 fr.

De la Pensée, 3e éd., 1 vol. in-12, 3 fr.

Pensées et Portraits (Notes et Réflexions), 5e éd., 1898, 1 vol. in-12, 520 pages, 3 fr. 50.

L'Histoire et la Pensée (2e éd. des *Pensées sur l'Histoire*), 1 vol. in-12, 3 fr.

Les Principes de la Philosophie morale, 3e éd., 1 vol. in-18, 1 fr.

BIBLIOTHÈQUE NATIONALE R.F. IMPRIMÉS

www.ingramcontent.com/pod-product-compliance
Ingram Content Group UK Ltd.
Pitfield, Milton Keynes, MK11 3LW, UK
UKHW012154240726
13966UKWH00002B/325